Inhaltsverzeichnis

Vorwort

„Na, was wackelt denn da?" Der erste Wackelzahn ist für alle Kinder ein besonderes Ereignis. Stolz zeigen die Kinder ihre Zahnlücken und betrachten die ausgefallenen Milchzähne. Auch jüngere Kinder finden das schon sehr faszinierend. Der Zahnwechsel ist ein deutliches Zeichen, dass der Körper der Kinder wächst und sich verändert. Das Ausfallen der Milchzähne und deren Ersatz durch die bleibenden Zähne ist ein großer Schritt beim Heranwachsen.

Die Zähne sind für uns wichtige Werkzeuge: Wir brauchen sie mehrmals am Tag zum Beißen, Kauen und Sprechen. Dadurch sind die Zähne ständig in Gebrauch. Sie sind darüber hinaus auch wichtig für unsere Kommunikation: Ein Lächeln mit einem gesunden Gebiss wirkt sympathisch und freundlich. Da die Zähne mehrmals am Tag geputzt werden, wird zudem kaum einem anderen Körperteil eine so große Aufmerksamkeit wie den Zähnen zuteil.

Um die Zähne vor Karies zu schützen, müssen auch schon die Milchzähne von Anfang an gut gepflegt werden. Dafür ist es wichtig, die Zähne nach den Mahlzeiten mehrmals täglich mit der richtigen Technik zu putzen und einige Regeln bei der Ernährung zu beachten. Dies können auch schon Kinder im Kita-Alter lernen, allerdings sind sie dabei auf die Unterstützung ihrer Eltern angewiesen. Von daher sollte dieses Projekt in enger Abstimmung bzw. mit begleitenden Informationsveranstaltungen für die Eltern durchgeführt werden.
Die Angebote dieser Projektmappe decken sämtliche Bildungsbereiche ab. Je nach den gewünschten Schwerpunkten können Sie einzelne Angebote flexibel auswählen und diese in der für Ihre Einrichtung bzw. Ihr „Zähne"-Projekt angepassten Form durchführen.

Im Vordergrund der Projektmappe stehen die spielerische Erkundung der Milchzähne, das Einüben der Zahnputztechnik „KAI" sowie Angebote rund um eine (zahn-)gesunde Ernährung. Darüber hinaus erkunden die Kinder in Geschichten und Rollenspielen, was bei einem Besuch beim Zahnarzt passiert. Angebote zum Basteln, Singen und Spielen rund um das Thema „Zähne" regen die Kinder dazu an, sich noch intensiver mit den eigenen Zähnen zu befassen.

Darüber hinaus finden Sie in der Projektmappe ausführliche Hintergrundinformationen zum Thema, Praxistipps für das Zähneputzen in der Kita sowie Hinweise für die Elternarbeit.

Ich wünsche Ihnen viel Spaß und Erfolg bei der Durchführung dieses Projekts!

Teresa Zabori

Hinweis:
Aus Gründen der besseren Lesbarkeit wird im Folgenden auf eine sprachliche Differenzierung der weiblichen und männlichen Bezeichnungen verzichtet. Da die Erzieher in Kindertageseinrichtungen zumeist weiblich sind, haben wir uns hier für die weibliche Form entschieden. Selbstverständlich sind stets alle Geschlechter angesprochen.

Vorbemerkungen und Arbeitshinweise

Zu den verwendeten Symbolen

Bildungsbereiche (jeweils das äußerste Symbol oben rechts auf den Arbeitsblättern):

 Sprachliche Bildung

Mathematische Bildung

 Musikalische Bildung

Feste und Feiern

 Ästhetische Erziehung

Wahrnehmung und Entspannung

 Umwelt-, Sach- und Naturbegegnung

Körpererfahrung und Bewegung

 Gesundheit und Ernährung

 Sozialerfahrungen

Sonstige Symbole:

 geeignet für die Begabtenförderung

 für unter 3-Jährige geeignet

Layout:

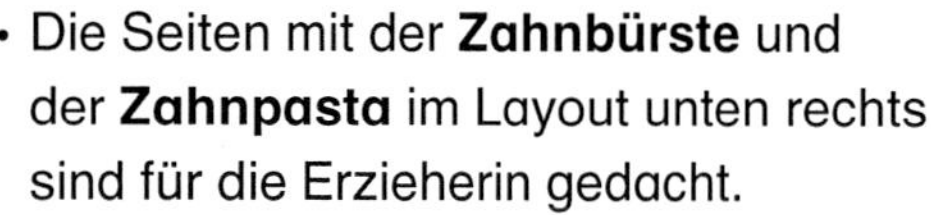

- Die Seiten mit der **Zahnbürste** und der **Zahnpasta** im Layout unten rechts sind für die Erzieherin gedacht.

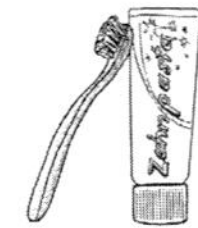

- Die Seiten mit dem **Zahnmännchen** unten rechts sind Arbeitsblätter, die direkt mit den Kindern bearbeitet werden können.

Allgemeine Informationen zum Thema „Zähne“

Nach wie vor herrschen viele Unsicherheiten rund um das Thema „Zähne“ und die richtige Zahnpflege. Auch wenn bei Schulkindern die Erkrankungen an Karies insgesamt zurückgegangen sind, ist frühkindliche Karies immer noch weit verbreitet. Experten gehen davon aus, dass sieben bis zwanzig Prozent der Ein- bis Sechsjährigen von der sogenannten „Flaschenkaries“ betroffen sind – einer Kariesform an den Milchzähnen, die bei Kindern auftreten kann, die oft an einer mit süßem Tee, Milch oder Saft gefüllten Saugerflasche nuckeln. Bereits in der Kita kann mit den Kindern gemeinsam die richtige Zahnpflege geübt werden. Außerdem können die Kinder hier lernen, welche Lebensmittel gesund und welche eher ungesund für ihre Zähne sind. Dennoch sind und bleiben die Eltern die Hauptverantwortlichen in Sachen Zahngesundheit ihrer Kinder. Von daher ist eine intensive Aufklärung der Eltern rund um das Thema „gesunde Zähne“ unerlässlich. Denn es liegt in ihrer Verantwortung, die Zähne der Kinder morgens nach dem Frühstück und abends nach der letzten Mahlzeit gründlich nachzuputzen sowie im Verlauf des Tages auf eine zahnfreundliche Ernährung zu achten. Nur bei guter Zusammenarbeit mit den Eltern kann eine erfolgreiche Kariesprophylaxe gelingen. Deshalb bietet es sich an, die Eltern vorab zu einer Info-Veranstaltung zu dem geplanten Projekt „Zähne“ einzuladen. In diesem Rahmen können die folgenden Aspekte vermittelt bzw. Fragen besprochen werden:

- **Allgemeiner Bericht über das Projekt „Zähne“:**
  Was machen wir in der Kita genau? Welche Aktionen führen wir durch? (gesundes Frühstück, Zahnarztbesuch …)
- **Hintergrund-Infos zum Thema „Zähneputzen“:**
  Welche Zahnpasta ist die „richtige“ (s. S. 5)? Wie viel Zahnpasta kommt auf die Zahnbürste (s. S. 5)? Auch eine Erklärung der kindgerechten Zahnputztechnik „KAI“ (Kauflächen, Außenflächen, Innenflächen) sollte erfolgen. **Wichtig:** Die Kinder sollen zwar selbstständig ihre Zähne putzen, die Eltern müssen allerdings immer noch einmal nachputzen!

Vorbemerkungen und Arbeitshinweise

- **Tipps zur Motivation der Kinder:**
  Mit dem Kind gemeinsam die Zahnbürste und die Zahncreme auswählen; die Zahnputzbewegungen durch Reime und Lieder begleiten – so macht das Zähneputzen gleich viel mehr Spaß.
- **Ausführliche Infos zum Thema „zahnfreundliche Ernährung“:**
  Welche Lebensmittel sind gesund für die Zähne? Welche Lebensmittel sind ungesund, weil sie die Zähne angreifen? (Lebensmittel, in denen sich Zucker befindet, aber auch zum Beispiel Obst und Fruchtsäfte, insbesondere in Kombination mit Säuren, sind nicht so gesund für Zähne.)
- **Wichtige „Ernährungsregel“:**
  Die Kinder sollten nicht ständig naschen, sondern Süßigkeiten nach einer Hauptmahlzeit als Nachtisch essen und anschließend die Zähne putzen.
- **Empfehlung:**
  regelmäßiger Kontrollbesuch beim Zahnarzt (zweimal jährlich)

Allgemeine Tipps und Hintergrundinformationen zum Thema

Die Entwicklung der Milchzähne

Schon bei der Geburt eines Säuglings sind die Milchzähne als Zahnleiste angelegt. Ab etwa dem sechsten Lebensmonat beginnen sie, das Zahnfleisch zu durchbrechen. Oft brechen zuerst die beiden unteren mittleren Schneidezähne durch, gefolgt von den beiden oberen. Bis zum dritten Lebensjahr sind in der Regel alle zwanzig Milchzähne da. Auch die bleibenden Zähne sind schon im Kiefer angelegt. Mit etwa sechs Jahren beginnt bei den meisten Kindern der Zahnwechsel: Die Milchzähne fangen erst an zu wackeln und fallen schließlich aus. Ihren Platz nehmen die bleibenden Zähne ein, die aus dem Kiefer „nachrücken“.

Wie entsteht Karies?

Bei der Geburt ist der Mund eines Säuglings noch frei von Bakterien. Erst im Laufe der Zeit werden aus der Umgebung immer mehr Mikroorganismen aufgenommen, die die Mundhöhle besiedeln. Bakterien, die Karies (Zahnfäule) verursachen, können zum Beispiel durch das Ablecken eines Löffels oder Schnullers von Erwachsenen in den kindlichen Mund gelangen. Normalerweise befinden diese sich zusammen mit den anderen Bakterienarten in einem Gleichgewichtszustand. Allerdings vermehren sich die kariesverursachenden Bakterien sehr stark, wenn Zucker ins Spiel kommt: Sie wandeln Zucker in Säuren um, die wiederum den Zahnschmelz angreifen. Durch den Säureangriff wird dem eigentlich sehr harten Zahnschmelz Kalzium entzogen. Der Zahn wird somit poröser; dies zeigt sich zunächst als eine weiße Stelle auf dem Zahn. Durch intensives Zähneputzen kann diese Stelle wieder mineralisiert und somit „repariert“ werden. Geschieht dies nicht, wird der Zahn weiter zerstört und es entsteht Karies. Ist die Zerstörung erst einmal bis zu dem viel weicheren Zahnbein durchgedrungen, so breitet sie sich immer schneller aus, bis sie schließlich den Zahnnerv erreicht: Spätestens jetzt tut der Zahn richtig weh.
Wird der Zahn jetzt immer noch nicht behandelt, stirbt der Nerv ab und es kommt zu einer Wurzelentzündung. Schlimmstenfalls droht sogar Lebensgefahr, denn die Bakterien gelangen auf diese Weise in die Blutbahnen. So können sie sich im ganzen Körper verteilen und dort Infektionen auslösen.
Neben diversen Zuckerarten führen folglich auch Säuren (wie z. B. Zitronensäure) zu einem direkten Angriff auf die Zähne. Doch diesem entgegen wirkt eine Abwehrwaffe unseres Körpers: der Speichel. Der Speichel wirkt wie eine natürliche „Spülflüssigkeit“, er neutralisiert die Säuren. Außerdem sind in ihm viele Mineralien gelöst, wie zum Beispiel Kalzium. Das Kalzium lagert sich an den Zähnen an und remineralisiert diese. Dadurch können bereits angegriffene Stellen an den Zähnen wieder ausgebessert werden. Dies funktioniert allerdings nur, wenn sich auf den Zähnen kein Zahnbelag befindet!

Vorbemerkungen und Arbeitshinweise

Tipps für das Zähneputzen

Zähneputzen mit Kindern im Kita-Alter kann ganz schön anstrengend sein: Zahnpasta ist weich und weiß und wird oft auf Spiegel, Waschbecken oder im ganzen Waschraum und auf der Kleidung der Kinder verteilt. Um ein solches Chaos möglichst zu vermeiden, sollten Sie vor dem Zähneputzen klare Regeln aufstellen und mit allen Kindern den gleichen, immer wiederkehrenden Ablauf einüben:

- Die Kinder gehen in einer Kleingruppe gemeinsam mit einer Erzieherin in den Waschraum.
- Vor dem Zähneputzen waschen sich alle Kinder ihre Hände gründlich mit Wasser und Seife.
- Jedes Kind benutzt beim Zähneputzen nur seinen eigenen, mit seinem Symbol versehenen Zahnputzbecher und seine eigene Zahnbürste. Die Zahnbürsten werden untereinander nicht getauscht und nur zum Zähneputzen aus dem Becher genommen.
- Die Erzieherin verteilt an alle Kinder ab zwei Jahren eine erbsengroße Menge Zahnpasta. Kinder unter zwei Jahren putzen mit einer feuchten Zahnbürste ohne Zahnpasta.
- Die Sanduhr (drei Minuten) wird umgedreht.
- Gemeinsam putzen die Kinder nach der KAI-Technik ihre Zähne. Die Erzieherin kann diesen Vorgang durch die entsprechenden Merksprüche / Reime unterstützen (Kauflächen: „Hin und her, hin und her, Zähneputzen ist nicht schwer.", Außenflächen: „Rundherum im Kreis, immer im Kreis, macht die Zähne strahlend weiß.", Innenflächen: „Kehret aus, kehret aus, alle Krümel müssen raus.") sowie die Bewegungen (ggf. mit Hilfe einer Handpuppe, s. S. 6) vormachen. Zwischendurch spucken die Kinder die Zahnpasta immer wieder in das Waschbecken.
- Nach dem Putzen werden die Zahnbürsten unter fließendem Wasser gereinigt und in die Becher gestellt.
- Nach drei Monaten sollte jede Bürste gegen eine neue ausgetauscht werden.

Welche Zahnpasta ist die richtige?

Experten empfehlen für Kinder ab zwei Jahren eine fluorierte Zahnpasta mit einem neutralen Geschmack (1000 ppm Fluorid). Achtung: „Schmeckt" die Zahnpasta den Kindern zu gut, wird ständig davon genascht und eine zu hohe Dosis Fluorid aufgenommen.

Wie sollten die Zahnputz-Utensilien gereinigt werden?

Einmal in der Woche können alle Zahnbürsten und Becher in der nur mit diesen beladenen Spülmaschine bei 60 °C gereinigt werden.

Wie gut können Kinder schon die Zähne selbstständig putzen?

Wie gut die Kinder die richtige Zahnputztechnik ausführen können, hängt von ihrem Alter ab. Erst wenn (Schul-)Kinder die Schreibschrift flüssig beherrschen, können sie ihre Zähne mit der Zahnputz-Technik der Erwachsenen reinigen. Zahnärzte empfehlen jedoch auch dann noch, dass die Eltern die Gebisse ihrer Kinder nachputzen.

Die zahnfreundliche Ernährung

Zähne sind gewissermaßen „Gebrauchswerkzeuge", die jeden Tag unermüdlich zum Einsatz kommen und dabei vielfältigen (Säure-)Angriffen ausgesetzt sind.

Eine zahnfreundliche Ernährung ist aber eigentlich gar nicht so schwierig, wenn man einige Regeln beachtet:

- Zuckerhaltige Lebensmittel sollten nicht generell aus der Kita verbannt werden, sondern in einem gewissen Rahmen durchaus erlaubt bleiben. Allerdings sollte darauf geachtet werden, dass diese nur in bestimmten Kontexten verzehrt werden (z. B. Geburtstagskuchen oder Süßigkeiten als Nachtisch mit anschließendem Zähneputzen).
- Zum Trinken sollten den Kindern ausschließlich zuckerfreie Getränke (Mineralwasser, ungesüßter Tee ...) angeboten werden. Diese sollten aus einem Becher (und nicht aus einer Trink- oder Nuckelflasche) getrunken werden.

Vorbemerkungen und Arbeitshinweise

- Es sollten den Kindern viele harte Lebensmittel angeboten werden, die gut gekaut werden müssen. Zum einen wird damit der (kariesabwehrende) Speichelfluss angeregt, zum anderen „kleben" diese Lebensmittel ganz im Gegensatz zu Fruchtbreien oder Ähnlichem nicht an den Zähnen. Durch intensives Kauen wird darüber hinaus auch die Kaumuskulatur trainiert, was sich wiederum positiv auf die Sprachmotorik auswirkt.
- Generell gilt die Empfehlung, dass nach dem Verzehr von säurehaltigen Lebensmitteln (z. B. Obst oder Fruchtsaft) eine halbe Stunde mit dem Zähneputzen gewartet werden sollte. Die Säure kann die Oberfläche der Zähne schichtweise auflösen („Erosion") und mit der Zahnbürste wird dann die harte Zahnsubstanz regelrecht „weggeputzt". Da die Kinder in der Kita jedoch gewohnheitsmäßig immer nach dem Mittagessen die Zähne putzen, sollte dieses Ritual auch dann zugunsten der Gewohnheitsbildung beibehalten werden, wenn tatsächlich Obst / Fruchtsaft verzehrt wurde.

Allgemeine Hinweise zur Organisation und Durchführung

Der Einstieg in das Thema

Zur spielerischen Heranführung der Kinder an dieses (oft auch angstbesetzte) Thema bietet sich der Einsatz einer Handpuppe mit einem großen Gebiss an. Solche Handpuppen sind zum Beispiel im Internet erhältlich. Sie nehmen den Kindern die Angst vor einer Zahnbehandlung und mit ihnen kann spielerisch das richtige Zähneputzen geübt werden.

Unser gesundes Frühstück

Als Einstieg in das Thema bietet es sich auch an, die Kinder zunächst das Frühstück genauer unter die Lupe nehmen zu lassen. Dazu wird der Frühstückstisch wie gewohnt gedeckt. Auf zwei separaten Tischen werden zwei Zähne (s. Kopiervorlage „Gesunder und kranker Zahn", S. 25) aufgestellt.
Erklären Sie den Kindern nun, dass nicht alle Lebensmittel, die sie zum Frühstück zu sich nehmen, gesund für die Zähne sind. Aktivieren Sie dabei das Vorwissen der Kinder zum Thema: Welche Lebensmittel schmecken süß bzw. in welchen Lebensmitteln steckt Zucker? Welche Lebensmittel schmecken nicht süß bzw. in welchen Lebensmitteln steckt kein oder nur wenig Zucker?
Ehe das Frühstück beginnt, ordnen die Kinder nun die Lebensmittel den entsprechenden Zähnen zu. Sie als Erzieherin können den Kindern dazu Hilfestellungen geben. Wenn die Kinder sich nicht sicher sind, können sie auch probieren, wie das ein oder andere Lebensmittel schmeckt.
Beim Lösen dieser Aufgabe wird klar, dass eine eindeutige Zuordnung in vielen Fällen schwierig ist: Dass Honig und Marmelade süß schmecken und viel Zucker enthalten, ist klar, aber was ist zum Beispiel mit Milch oder Brot? Milchprodukte wie Käse, Milch, Quark oder Naturjoghurt gelten als zahnfreundlich, da sie viel Kalzium und nur geringe Mengen an Milchzucker enthalten. Sie können Säuren neutralisieren.
Brot enthält Stärke, ein Mehrfachzucker, der bereits im Mund in Einfachzucker umgewandelt wird. Gerade weiches Brot, das an den Zähnen kleben bleibt, kann diesen schaden. Gesünder ist hartes Brot, da durch das Kauen die Speichelproduktion angeregt und die Mundmuskulatur gestärkt wird. Vorsicht ist auch bei anderen Cerealien geboten: In Zwieback, Cornflakes und auch in vielen im Handel erhältlichen Müslimischungen („Knuspermüsli") stecken große Mengen an Zucker, weshalb sie für ein gesundes Frühstück nicht geeignet sind. Als Alternative bietet es sich an, Müsli selbst aus Haferflocken, Nüssen und frischem Obst herzustellen.
Obst und Fruchtsäfte enthalten viele Vitamine, die für den Körper wichtig sind. Allerdings befinden sich in diesen neben Fruchtzucker auch Säuren, die die Zähne angreifen. Da die meisten Obstsorten nicht an den Zähnen kleben bleiben und der Speichel die Säuren schnell neutralisieren kann, werden sie als nicht kariesfördernd eingestuft. Eine Ausnahme sind Bananen: Diese enthalten sehr viel Zucker und kleben an den Zähnen.
Kariesfördernd sind auch alle anderen süßen Speisen, die an den Zähnen haften bleiben, wie Marmelade, Honig, Schokocreme, aber auch Fruchtjoghurt, Trockenfrüchte oder Müsliriegel.

Vorbemerkungen und Arbeitshinweise

Literaturhinweise und Internetadressen

Zu den Themen „Zähne“ und „Zahngesundheit“ gibt es viele schöne Bilder- und Sachbücher für Kinder. Diese können Sie in einer Bücherecke bereitstellen, in der die Kinder während des Projektes immer wieder stöbern können. Hier finden Sie eine kleine Auswahl (aus einem sehr großen Angebot).

Bilder- und Sachbücher:
- Ortseifen, Iwona u. Röhner, Thomas: Das Wackelzahnbuch: Schauen, klappen, drehen, verstehen – alles über deine Milchzähne. Coppenrath Verlag, Münster 2022.
- Schneider, Liane; Görrissen, Janina: Conni geht zur Zahnärztin. Carlsen Verlag, Hamburg 2017.
- Schneider, Liane; Steinhauer, Annette: Conni und der Wackelzahn. Carlsen Verlag, Hamburg 2014.
- Spathelf, Bärbel; Szesny, Susanne: Die Zahnputzfee oder die Zahnputzfee erklärt, wie die Zähne gesund bleiben. Albarello Verlag, Haan 2001.

Internetadressen:
- *www.daj.de*
- *www.youtube.com* → *Kanal: Zahnputz-Zauber* (Lieder zur KAI-Methode und viele Tipps zum Üben des Zähneputzens in der Kita)
- *www.gesund-ins-leben.de* („Zähne“ in die Suchmaske eingeben)

Tipps und Anregungen zu den einzelnen Angeboten

In dieser Projektmappe sind die Angebote einzelnen Bildungsbereichen zugeordnet. Oftmals decken sie mehrere Bildungsbereiche gleichzeitig ab.

Zum Umgang mit den Arbeitsblättern:
Diese Projektmappe enthält auch einige Arbeitsblätter, deren Aufgabenstellung Sie mit den Kindern in Kleingruppen besprechen (vorlesen) müssen.
Für die Aufbewahrung der Arbeitsblätter werden, je nach Gruppensituation und organisatorischen Bedingungen, verschiedene Möglichkeiten empfohlen:
- Ablagefächer (alternativ unifarben gestaltete Deckel von Kopierpapierkartons): Die Kinder haben so freien Zugriff auf die darin sortierten Arbeitsblätter und können ihre Aufgaben selbst auswählen.
- Jedes Kind verfügt über einen Schnellhefter, in den die Erzieherin regelmäßig nach Alter und Entwicklungsstand ausgewählte Arbeitsblätter (z. B. zwei Arbeitsblätter pro Woche) einheftet oder gemeinsam mit dem Kind aussucht. Die Kinder wählen die Zeit der Bearbeitung entweder frei oder es gibt festgelegte Zeiten, innerhalb derer ein Kind seine Arbeitsblätter bearbeiten kann.
- Die fertiggestellten Arbeitsblätter werden im Schnellhefter oder in einer Sammelmappe / einem Sammelordner abgeheftet bzw. gehören als Anlage zur Bildungsdokumentation oder zum Portfolio.
- Es empfiehlt sich außerdem, einen (mit Geschenkpapier beklebten) Schuhkarton für andere gefertigte Objekte anzulegen.

Zu „Urkunde: Ich kann meine Zähne putzen!“, S. 9:
Die Urkunde sollte den Kindern ganz zum Schluss des „Zähne“-Projektes ausgehändigt werden. Die Kinder sind in der Regel sehr stolz, dass sie nun wissen, was gut für ihre Zähne ist und welche Dinge ihren Zähnen schaden. Die Urkunde kann beispielsweise in das Kinder- oder Badezimmer gehängt werden. Sie stellt auch für die Eltern (und ggf. Geschwisterkinder) einen Appell dar, die Kinder in ihrem neu gewonnen Wissen und erlerntem Verhalten rund um die richtige Zahnpflege zu unterstützen und sich ebenfalls an diese Regeln zu halten.

Vorbemerkungen und Arbeitshinweise

Zu „Plakat: ‚So putzen wir unsere Zähne'", S. 10:
Diese Seite können Sie hochkopieren und im Waschraum für alle Kinder gut sichtbar aufhängen. So haben diese den richtigen Ablauf beim Zähneputzen immer direkt vor Augen.

Allgemeine Information zu den Bastelarbeiten im Bereich „Ästhetische Erziehung", ab S. 16:
Fotografieren Sie die Materialzusammenstellung und jeden einzelnen Arbeitsschritt. Kleben Sie die ausgedruckten Fotos mit der dazugehörigen schriftlichen Arbeitsanweisung auf DIN-A5-Karten, nummerieren Sie die Karten in der richtigen Reihenfolge und laminieren Sie diese. So erhalten Sie bebilderte Karten, die Ihre Kinder zum selbstständigen Arbeiten motivieren. Kinder niemals mit dem Cuttermesser allein arbeiten lassen! Nach Möglichkeit sollten Erwachsene diese Schneidearbeiten erledigen.

Zu „Mein Wackelzahn-Büchlein", ab S. 16:
Bitte kopieren Sie vorab für jedes Kind eine Vorlage für ein Büchlein, in das es die Bilder einkleben kann.

Zu „Meine Zähne", S. 19:
Jüngere Kinder können das Gebiss ganz nach Belieben ausmalen. Ältere Kinder können die Namen der unterschiedlichen Zähne lernen und diese in den jeweils vorgegebenen Farben anmalen. Darüber hinaus kann man die Kinder auch zählen lassen, wie viele Schneide-, Eck- und Backenzähne sie haben und sie diese Anzahl sowie die gesamte Anzahl ihres Milchgebisses aufschreiben lassen.

Zu „Wie sieht ein Zahn von innen aus?", S. 20:
Anhand des Arbeitsblattes können Sie den Kindern den Aufbau eines Zahnes gut erklären: Ganz außen befindet sich der harte Zahnschmelz. Darunter liegt das Zahnbein. Das Zahnbein ist weicher als der Zahnschmelz. Ganz innen im Zahn befindet sich eine Höhle, das Zahnmark. Dort liegen die Nervenbahnen und Blutgefäße des Zahns. Um den Zahn herum befindet sich das Zahnfleisch. Von dem Zahn selbst schaut nur ein Teil aus dem Zahnfleisch heraus. Ebenso wie ein Baum hat auch der Zahn eine Wurzel. Sie hält ihn fest im Zahnfleisch.

Zu „Welche Geräte braucht der Zahnarzt?", S. 24:
Bevor die Kinder die Aufgaben auf dem Arbeitsblatt lösen, sollte die Erzieherin ihnen die Namen der einzelnen Geräte nennen und erklären, was der Zahnarzt mit diesen genau macht. Dieses Arbeitsblatt bietet sich besonders im Anschluss an einen Ausflug in ein Zahnzentrum oder eine Zahnarztpraxis an.

Zu den Angeboten „Wie süß schmeckt ...?", S. 28, und „Hart oder weich?", S. 29:
Bitte achten Sie darauf, dass bei den Kindern keine Lebensmittelunverträglichkeiten bestehen.

Zu „Zahn-Memo-Spiel", S. 34:
Damit sich die Memo-Spiel-Kärtchen besser voneinander unterscheiden lassen, empfiehlt es sich, vorab den Hintergrund von jedem Kartenpärchen in einer anderen Farbe anzumalen.

Ideen für weitere Angebote
- Die Kinder formen einen Zahn aus Knete, bohren in diesen mit dem Zahnstocher ein Loch hinein und bessern es mit einer andersfarbigen „Füllung" wieder aus.
- Nachdem die Kinder sich ausführlich mit ihren eigenen Zähnen beschäftigt haben, können sie darauf aufbauend die Gebisse verschiedener Tiere betrachten und miteinander / mit ihren eigenen Zähnen vergleichen. Dies kann zum Beispiel im Rahmen eines Ausflugs in den Zoo oder eines Besuches auf einem Bauernhof geschehen, aber auch mit Hilfe von Bildern aus dem Internet. Eventuell kann das ein oder andere Kind auch das Gebiss seines Haustieres (Hund, Katze, Meerschweinchen, Kaninchen ...) fotografieren und das Foto in die Kita mitbringen oder das Gebiss auf ein Blatt malen.

Urkunde: Ich kann meine Zähne putzen!

Urkunde für

____

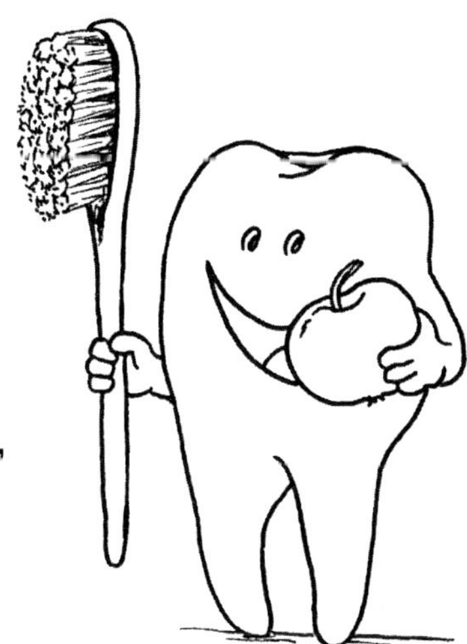

Herzlichen Glückwunsch!
Du bist ein Zahn-Profi!

Du kennst die wichtigsten Regeln, wie deine Zähne stark und gesund bleiben:

- Du putzt nach KAI: Kauflächen, Außenflächen, Innenflächen
- Du putzt deine Zähne 3 x am Tag nach dem Frühstück, Mittagessen und Abendessen.
- Du machst längere Pausen zwischen den Mahlzeiten, in denen du nichts isst.
- Nach dem Naschen: Zähneputzen nicht vergessen!

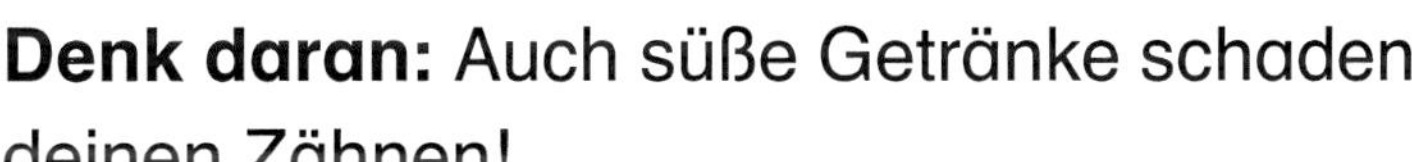

Denk daran: Auch süße Getränke schaden deinen Zähnen!

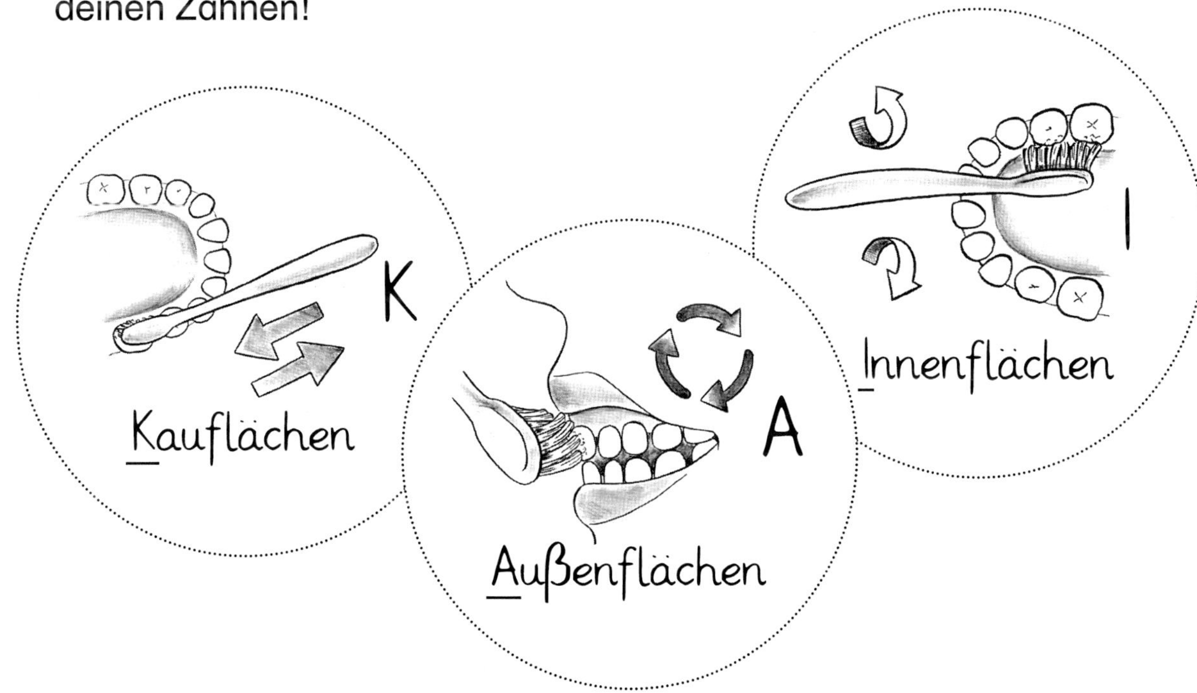

Plakat: „So putzen wir unsere Zähne“

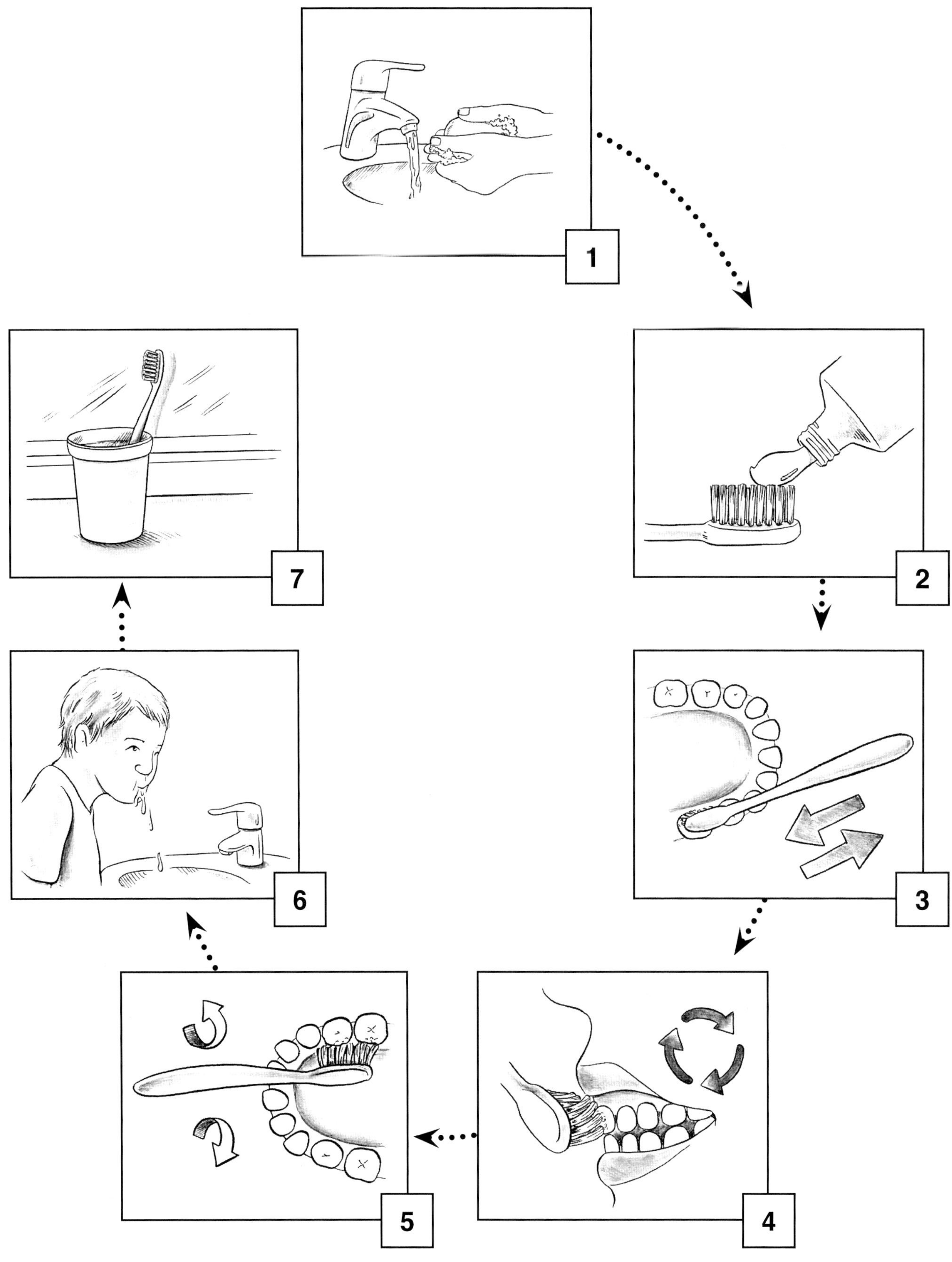

Niko beim Zahnarzt (ab 3 Jahren)

Material:
Vorlesegeschichte (s. u.), Bildkarten „Niko beim Zahnarzt" (s. S. 12), Buntstifte, 1 Schere, evtl. Laminiergerät und -folie, 1 Tacker

Vorbereitung:
Die Bildkarten werden kopiert, ausgeschnitten, angemalt und zur besseren Haltbarkeit laminiert. Zusätzlich werden sie ggf. für jedes Kind noch einmal kopiert.

Spielanleitung:
Die Kinder setzen sich in einen Kreis. Die Bildkarten werden an einige Kinder verteilt. Die Erzieherin liest nun die Geschichte vor. Die Kinder, die die Karten haben, passen mit ihren Sitznachbarn gemeinsam gut auf, an welcher Stelle sie ihre Karte in den Kreis legen müssen.
Im Anschluss an die Geschichte erhält jedes Kind eine eigene Kopie von den Karten zum Ausmalen. Zum Schluss werden die Seiten ausgeschnitten, aneinandergetackert und die Kinder dürfen ihre eigenen kleinen Zahnarzt-Heftchen mit nach Hause nehmen.

Vorlesegeschichte: Niko beim Zahnarzt

Heute ist ein besonderer Tag: Niko geht zum ersten Mal mit seinem Papa in die Zahnarztpraxis. Deshalb ist er ein bisschen aufgeregt. Er hält Papas Hand ganz fest.
In der Zahnarztpraxis müssen sie sich zuerst anmelden. Die Zahnarzthelferin schaut im Computer nach: Ja, richtig, dort steht, dass Niko heute einen Termin hat. Aber es ist noch ein bisschen zu früh. Niko geht mit seinem Papa in das Wartezimmer. In seinem Bauch grummelt es ein bisschen: Warten ist ganz schön blöd!
Endlich wird Niko aufgerufen. Papa kommt mit in das Behandlungszimmer. Niko darf sich auf den großen Zahnarztstuhl setzen. Die Zahnarzthelferin bindet ihm ein Lätzchen um. Über dem Stuhl hängt eine große Lampe, die Niko hell ins Gesicht scheint.
Endlich kommt die Zahnärztin. „Na hallo, wen haben wir denn da?", begrüßt sie Niko freundlich. „Ich bin Niko", sagt er. „Wie geht es denn deinen Zähnen?", will die Zahnärztin wissen. „Eigentlich gut …" Niko überlegt. „Nur unten links habe ich neulich so eine braune Stelle am Zahn gesehen." „Na, die werde ich mir gleich mal anschauen", antwortet die Zahnärztin. „Sag mal Aaaaaa und mach den Mund ganz weit auf."
Niko öffnet seinen Mund. Mit einem kleinen Spiegel schaut sich die Zahnärztin jeden einzelnen Zahn ganz genau an. Mit der Sonde kratzt sie an einigen Zähnen. Aber das tut gar nicht weh.
„Hmm … an einem Zahn ist tatsächlich etwas Karies", sagt die Zahnärztin.
Sie erklärt Niko, dass sie die Karies entfernen und ein kleines Loch in den Zahn bohren muss. Denn wenn sie das nicht tut, wird die Karies immer größer und macht den Zahn kaputt. Und das kann Niko dann ganz schön wehtun. Die Zahnärztin zeigt Niko alle Geräte, mit denen sie die Karies entfernen kann.
Zuerst bekommt Niko eine Spritze zur Betäubung. Die Spritze pikst etwas, aber Niko ist sehr tapfer. Dann bohrt die Zahnärztin ein Loch in den Zahn. So wird die Karies entfernt. Danach füllt sie das Loch mit einer besonderen Füllung. Niko atmet auf. Jetzt ist es geschafft!
„Du warst ja ganz schön tapfer", lobt ihn die Zahnärztin und zeigt Niko im Spiegel, wo sie gebohrt hat. Niko muss noch den Mund ausspülen. Dann darf er sich zum Abschied ein kleines Geschenk aussuchen. Er entscheidet sich für einen Dinosaurier-Radiergummi. Fröhlich hüpft Niko mit Papa nach Hause. Mit der Zunge fährt er noch einmal über die Stelle, wo die Zahnärztin gebohrt hat. Er ist froh, dass die braune Stelle am Zahn verschwunden ist.

Bildkarten „Niko beim Zahnarzt“

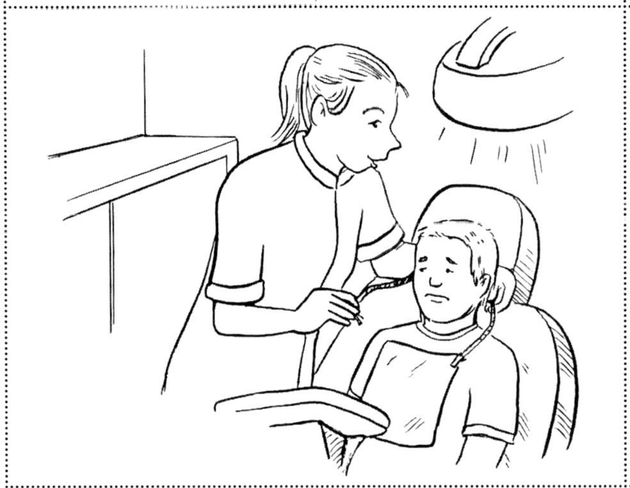

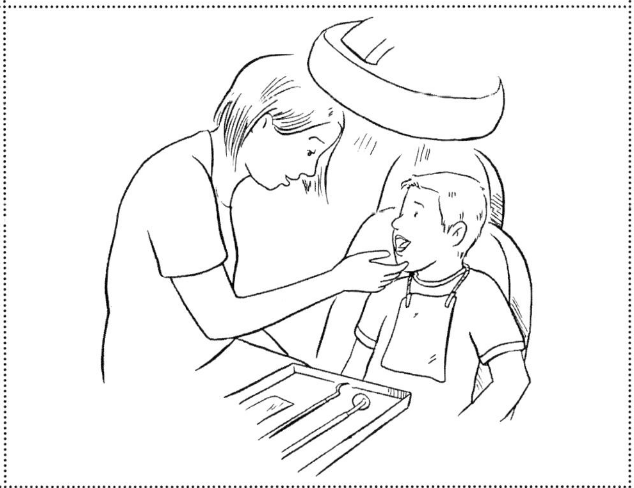

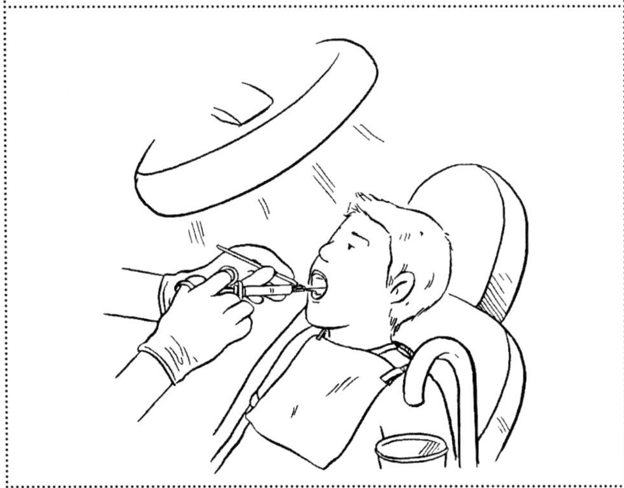

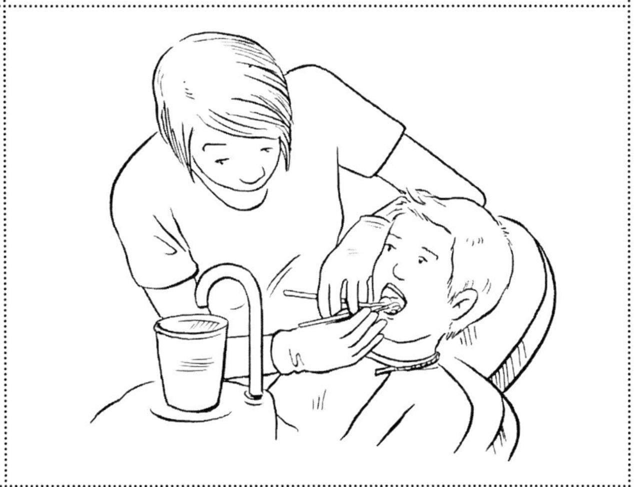

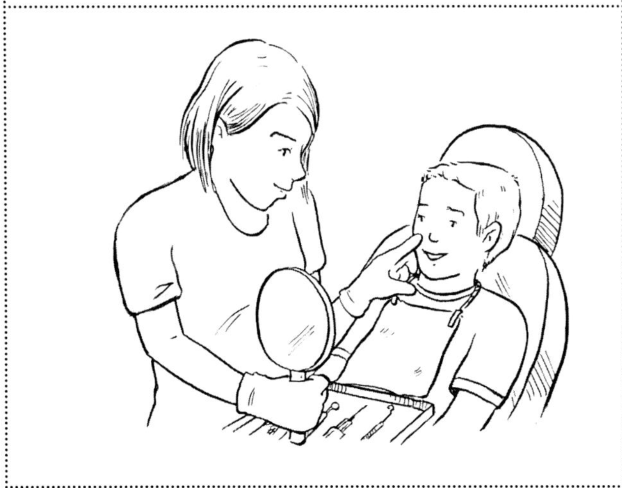

Zahn-Wörter (ab 5 Jahren)

Material:
Kopiervorlage „Zahn-Wörter“ (s. u.), 1 Schere, Buntstifte, ggf. Laminiergerät und -folie

Vorbereitung:
Die Bildkarten werden kopiert, ausgeschnitten, ggf. angemalt und laminiert.

Spielmöglichkeit:
Die Karten werden gemischt und in der Kreismitte ausgelegt. Die Kinder betrachten die Bilder und benennen die Dinge, die auf ihnen zu sehen sind. Anschließend versuchen sie, mit jeweils zwei Karten ein neues Wort (z. B. „Milchzahn“ oder „Zahnarzt“) zu legen.
Haben die Kinder alle Wörter richtig zusammengesetzt, können sie die Wörter in Silben klatschen und nach der Anzahl der Silben in unterschiedliche Gruppen sortieren.
Die neu entstandenen Wörter können abschließend von den Kindern gemalt werden.

Kopiervorlage „Zahn-Wörter“

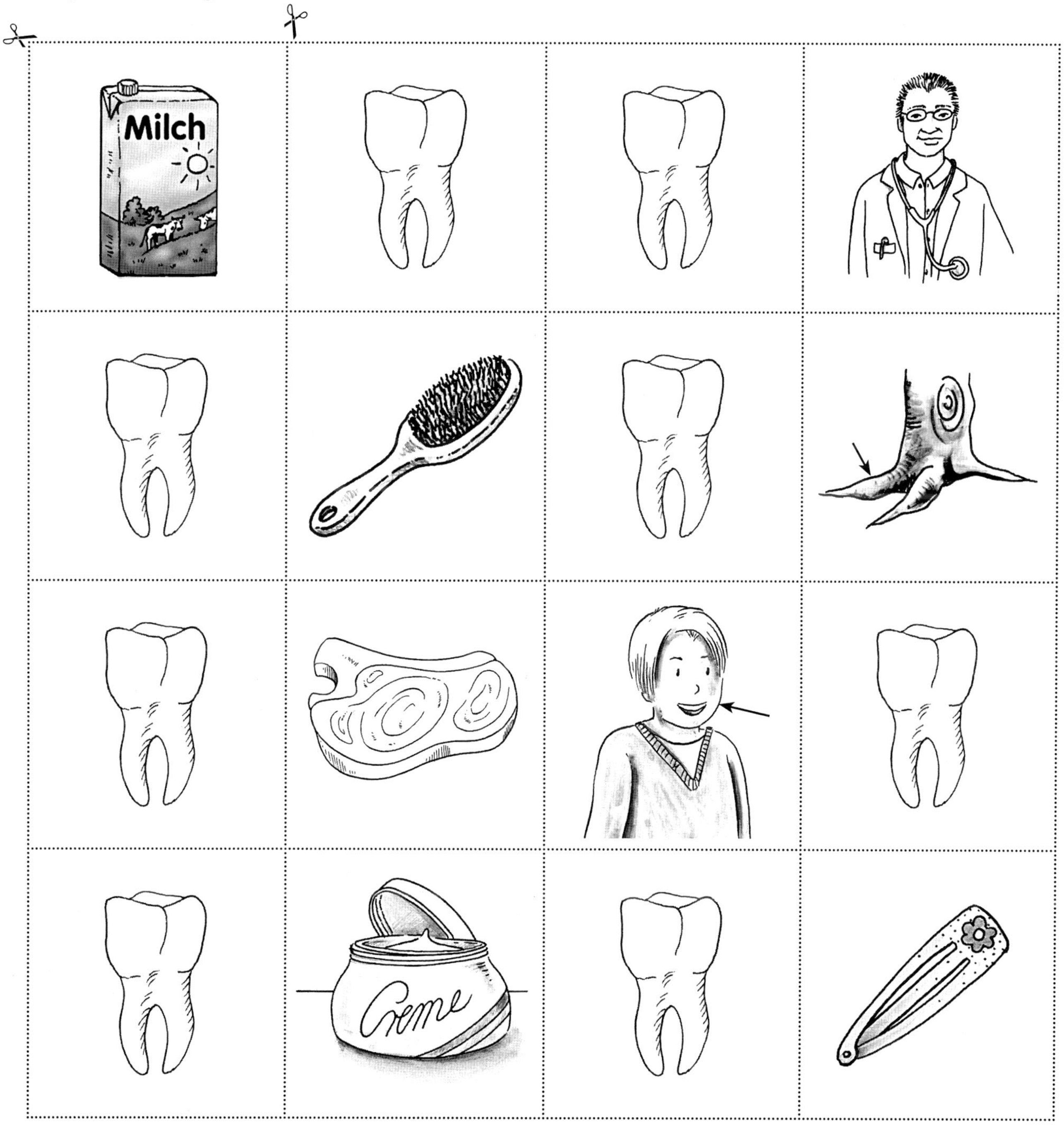

Lied: Es tanzt die Zi-Zo-Zahnbürste (ab 2 Jahren)

Spielanleitung:

Die Kinder können passend zum Text des Liedes die entsprechenden Bewegungen machen. Anstelle einer echten Zahnbürste können sie die Bewegungen der Zahnbürste mit dem Zeigefinger pantomimisch darstellen.

2. Es tanzt die Zi-Zo-Zahnbürste in unserm Mund herum, fiedebum,
es tanzt die Zi-Zo-Zahnbürste in unserm Mund herum.
Wir öffnen jetzt den Mund ganz weit, es wird auch allerhöchste Zeit.
Es tanzt die Zi-Zo-Zahnbürste in unserm Mund herum.

3. Es tanzt die Zi-Zo-Zahnbürste in unserm Mund herum, fiedebum,
es tanzt die Zi-Zo-Zahnbürste in unserm Mund herum.
Sie fängt jetzt mit dem Schrubben an, und zeigt so richtig, was sie kann.
Es tanzt die Zi-Zo-Zahnbürste in unserm Mund herum.

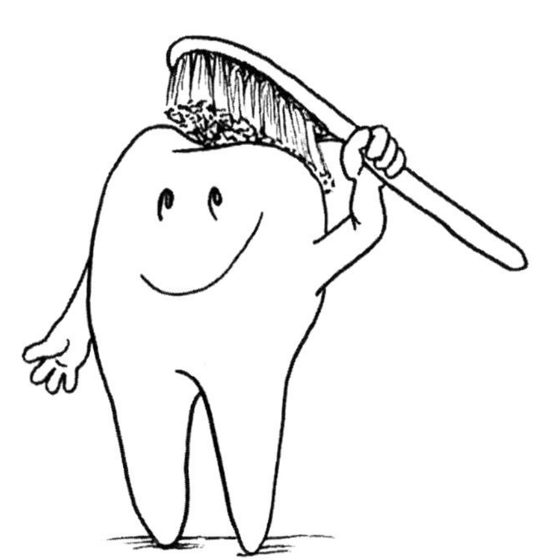

4. Es tanzt die Zi-Zo-Zahnbürste in unserm Mund herum, fiedebum,
es tanzt die Zi-Zo-Zahnbürste in unserm Mund herum.
Sie bürstet hier, sie bürstet dort, die Krümel müssen alle fort.
Es tanzt die Zi-Zo-Zahnbürste in unserm Mund herum.

5. Es tanzt die Zi-Zo-Zahnbürste in unserm Mund herum, fiedebum,
es tanzt die Zi-Zo-Zahnbürste in unserm Mund herum.
Die Zähne blitzen jetzt ganz blank, es ist von ihnen keiner krank.
Es tanzt die Zi-Zo-Zahnbürste in unserm Mund herum.

6. Es tanzt die Zi-Zo-Zahnbürste in unserm Mund herum, fiedebum,
es tanzt die Zi-Zo-Zahnbürste in unserm Mund herum.
Nun ist das Zähneputzen aus, die Bürste muss jetzt schnell heraus.
Es tanzt die Zi-Zo-Zahnbürste in unserm Mund herum.

7. Es tanzt die Zi-Zo-Zahnbürste in unserm Mund herum, fiedebum,
es tanzt die Zi-Zo-Zahnbürste in unserm Mund herum.
Dann ruht die Zi-Zo-Zahnbürste sich in dem Zahnputz-Becher aus.
Es tanzt die Zi-Zo-Zahnbürste in unserm Mund herum.

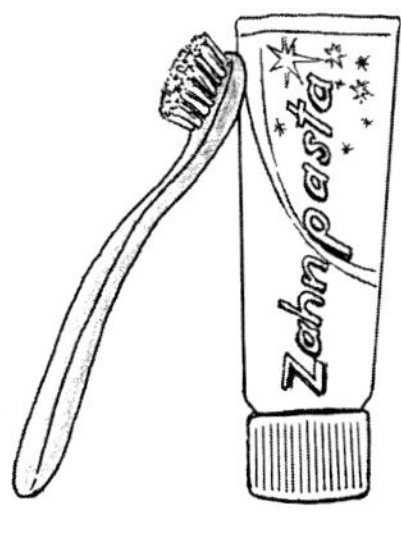

Lied: Wer will saubere Zähne seh'n (ab 2 Jahren)

Melodie: Wer will fleißige Handwerker seh'n (traditionell)
Text: Teresa Zabori

2. Wer will saubere Zähne seh'n?
Der muss zu uns Kindern geh'n.
O wie fein, o wie fein,
die Zähne sollen sauber sein.

3. Wer will saubere Zähne seh'n?
Der muss zu uns Kindern geh'n.
Poch, poch, poch, poch, poch, poch,
schau mal, da ist gar kein Loch.

4. Wer will saubere Zähne seh'n?
Der muss zu uns Kindern geh'n.
Hin und her, hin und her,
bald ist schon die Tube leer.

5. Wer will saubere Zähne seh'n?
Der muss zu uns Kindern geh'n.
Spuck mal aus, spuck mal aus,
alle Krümel müssen raus.

6. Wer will saubere Zähne seh'n?
Der muss zu uns Kindern geh'n.
Stell hinein, stell hinein,
die Bürste in den Becher rein.

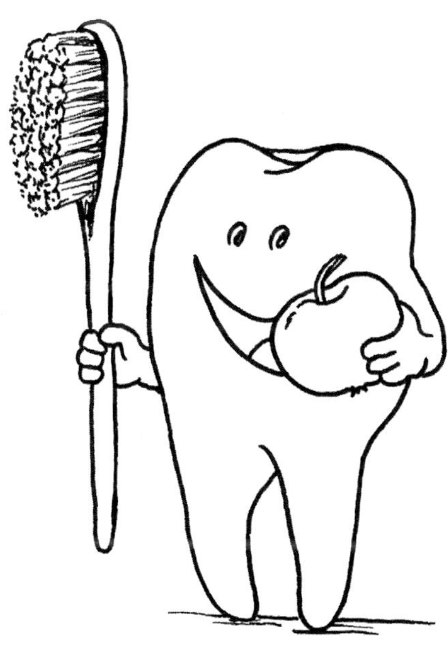

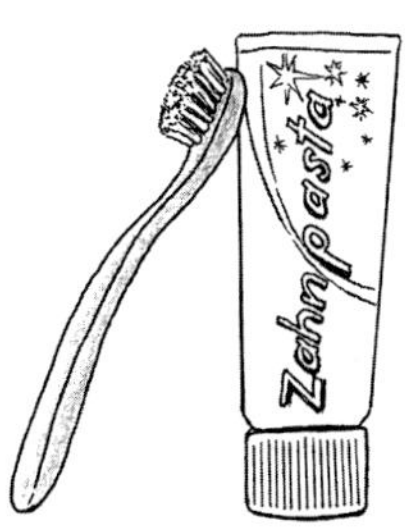

Mein Wackelzahn-Büchlein (1) (ab 4 Jahren)

Mein Wackelzahn-Büchlein	1
2	3
4	5
6	7

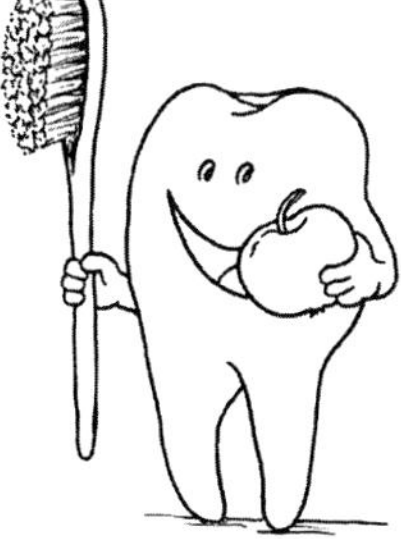

Mein Wackelzahn-Büchlein (2) (ab 4 Jahren)

Schneide die Bilder aus. Bringe sie in die richtige Reihenfolge und klebe sie in dein Wackelzahn-Büchlein.

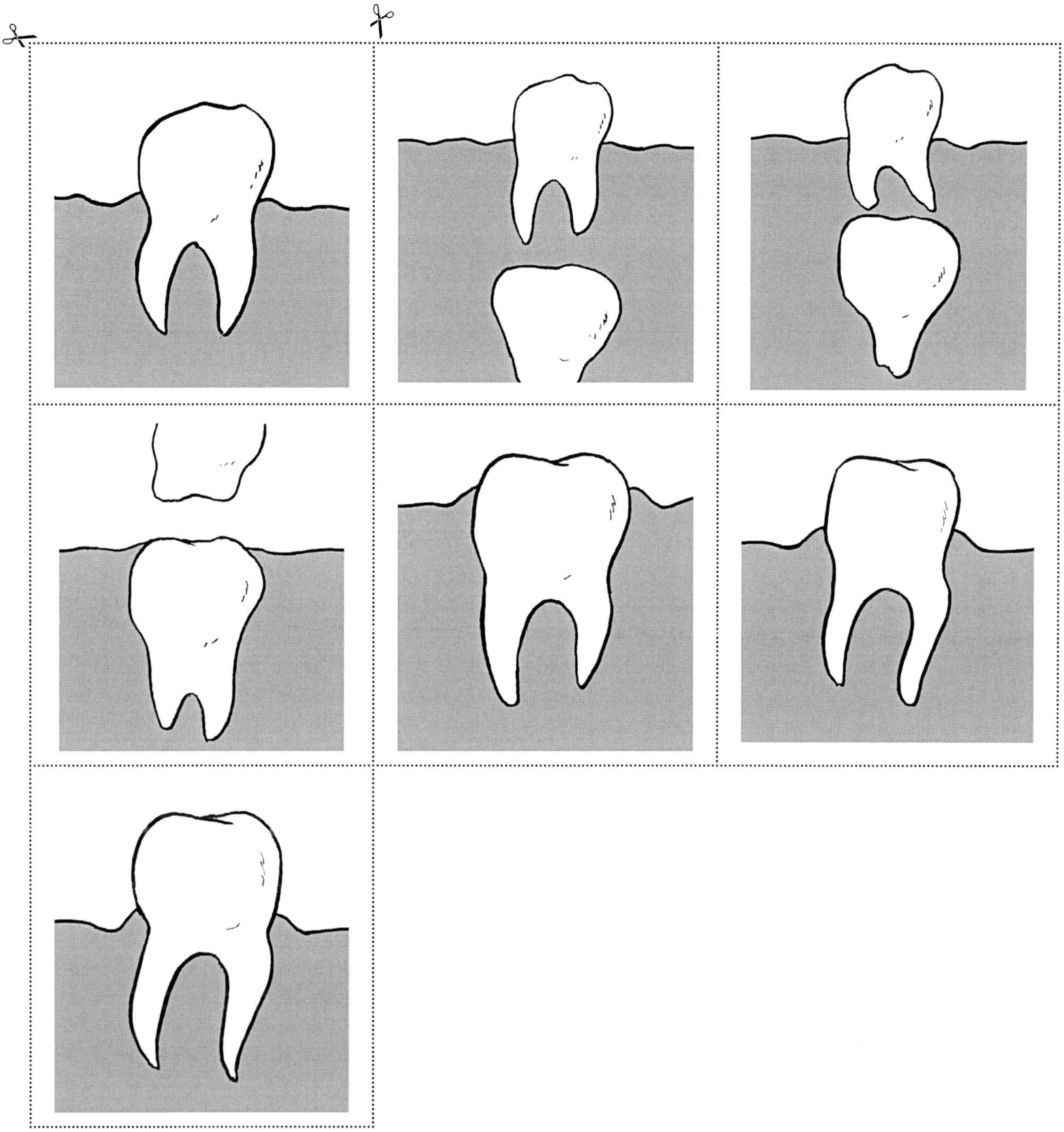

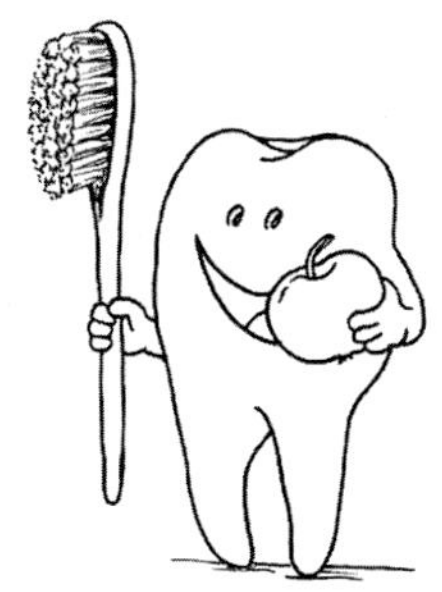

Wir gestalten eine Zahnkette (ab 3 Jahren)

Material:
Modelliermasse (möglichst solche, die an der Luft trocknet), Modellierstäbe, dünne Gummibänder (1 pro Kette), Zahnstocher, Vorlagen für die Zähne (z. B. die ausgefallenen Zähne einiger Vorschulkinder oder auch die Kopiervorlage „Meine Zähne“ (s. S. 19)), ggf. Bastelfarben

Arbeitsanleitung:

1. Jedes Kind erhält ein Stück Modelliermasse.
2. Nach der Vorlage (oder je nach Alter mit Unterstützung der Erzieherin) formt es nun mit Hilfe der Modellierstäbe einige Zähne.
3. Durch das obere Drittel eines jeden Zahns wird mit einem Zahnstocher ein kleines Loch gestochen.
4. Wenn die Zähne getrocknet und hart geworden sind, werden sie an einem Gummiband zu einer Kette aufgefädelt. Dann werden die Enden der Gummibänder miteinander verknotet.

Varianten:
Je nachdem, aus welcher Modelliermasse die Zähne geformt werden, können diese auch noch zum Beispiel mit Bastelfarben bunt angemalt werden.
Die Ketten werden noch vielfältiger, wenn nicht nur menschliche Zähne, sondern auch einige Tier-Zähne (z. B. „spitzer“ Tigerzahn, gebogener Stoßzahn eines Elefanten ...) von den Kindern gestaltet werden.

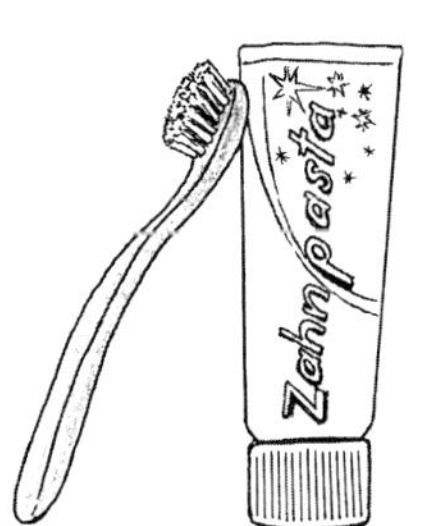

Wir erforschen unsere Zähne (ab 4 Jahren)

Material:
Taschenlampen, kleine Zahnarztspiegel, kleine Handspiegel und / oder kleine Lupen

Vorbereitung:
Alle Kinder waschen sich ihre Hände gründlich mit Wasser und Seife.

Spielmöglichkeit:
Jedes Kind sucht sich einen Partner. Abwechselnd untersuchen die beiden gegenseitig ihre Zähne. Dazu setzt sich jeweils ein Kind auf den Boden und öffnet seinen Mund weit. Der Partner beginnt nun mit der „Untersuchung“: Er leuchtet mit der Taschenlampe vorsichtig in den Mund und betrachtet die Zähne mit dem kleinen Spiegel und / oder der Lupe. Wie sehen die Zähne aus? Wie viele Zähne sind im Mund? Wie viele Schneide- / Eck- und Backenzähne lassen sich erkennen? Zum Abschluss darf jedes Kind seine eigenen Zähne mit dem Handspiegel betrachten. Anschließend wechseln die Kinder die Rollen.

Ergänzung:
Zum Abschluss kann das Gebiss jedes Kindes fotografiert werden. Die Fotos können auf ein Plakat geklebt und mit den Namen der Kinder beschriftet werden. Dies sollte allerdings nur dann erfolgen, wenn die Gebisse der Kinder einigermaßen „intakt“ sind (d. h., wenn bei keinem Kind Flaschenkaries o. Ä. vorhanden ist).

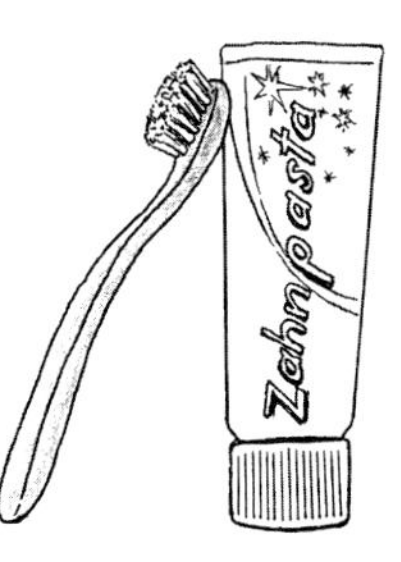

BVK • Teresa Zabori: Kita aktiv „Projektmappe Zähne“

Meine Zähne (ab 3 Jahren)

Male deine Zähne schön bunt an:

- = gelb (Schneidezähne)
- = rot (Eckzähne) 
- = blau (Backenzähne)

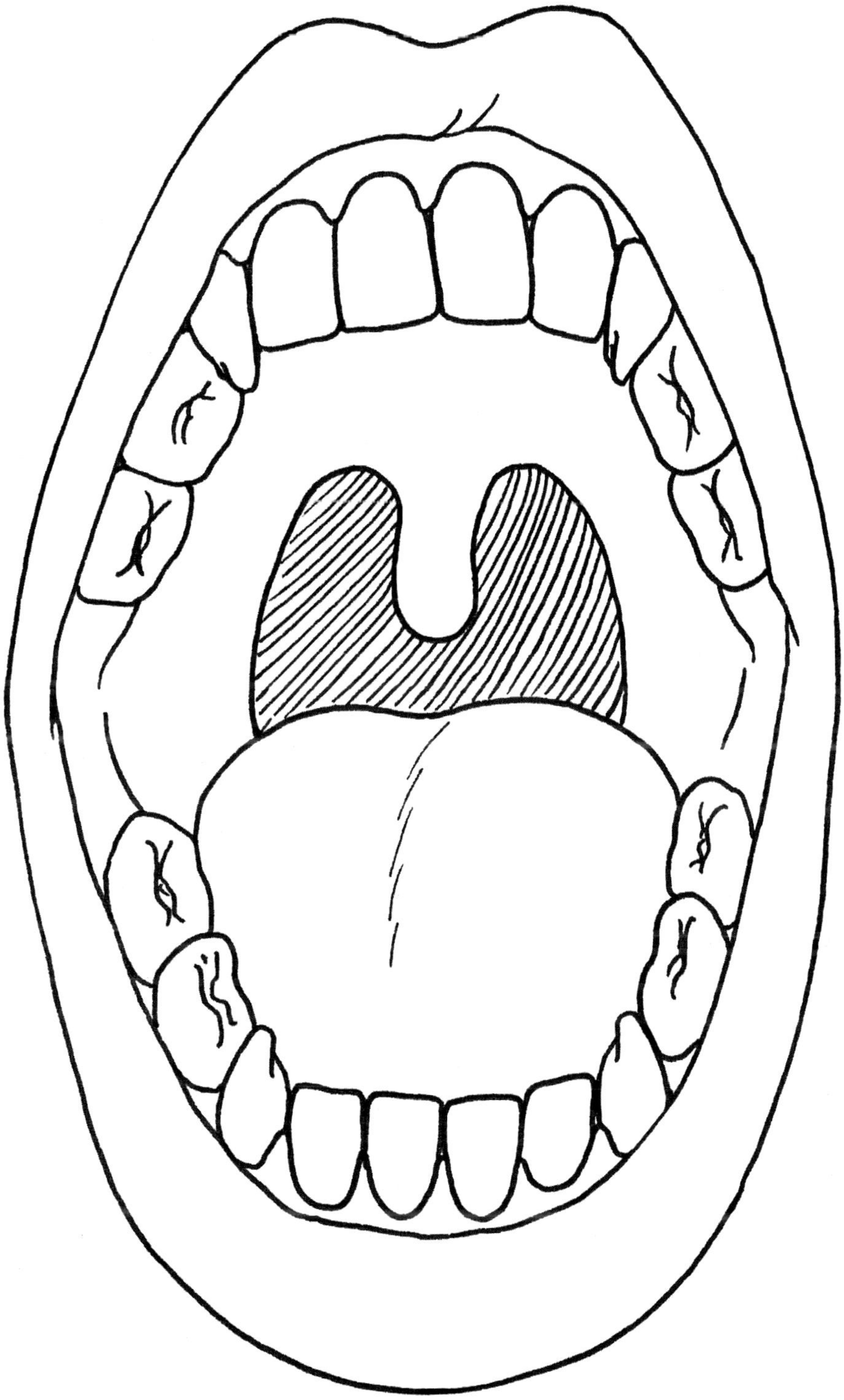

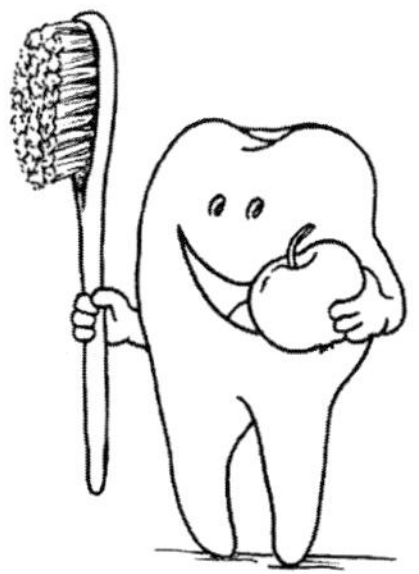

Wie sieht ein Zahn von innen aus? (ab 5 Jahren)

Male den Zahn an:

△ = rosa

□ = gelb

○ = rot

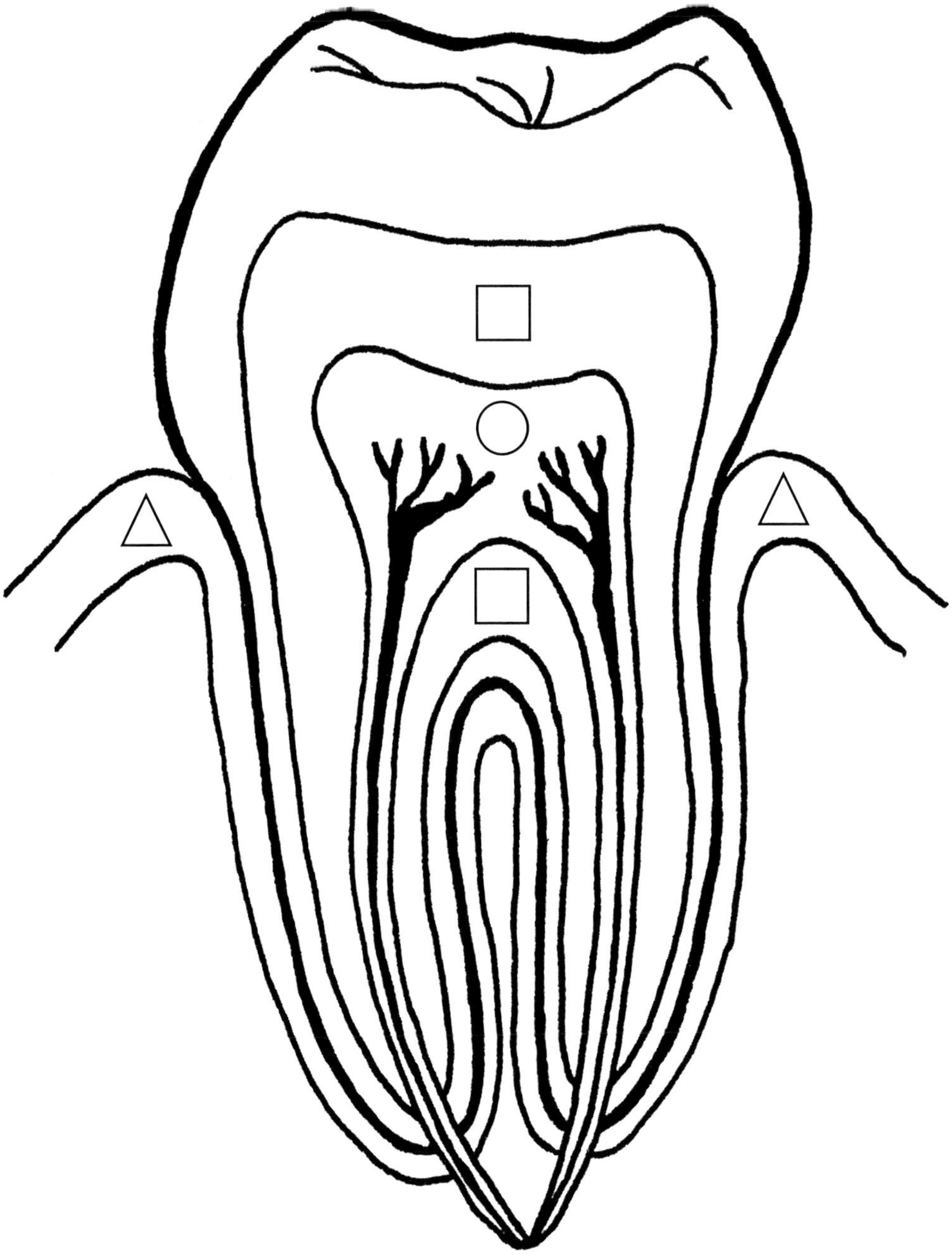

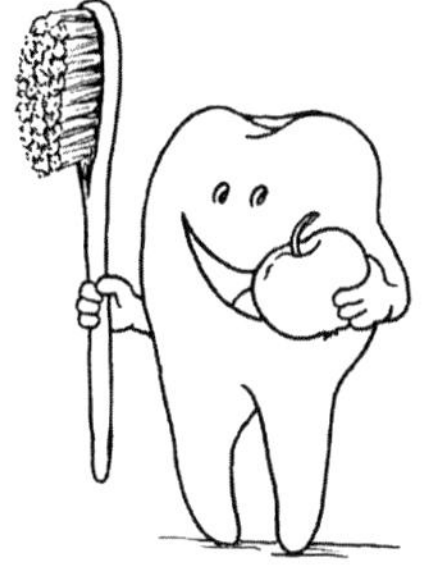

Zahn-Experiment 1: Was machen Zucker und Säure mit den Zähnen? (ab 3 Jahren)

Material:
Kopiervorlage „Was machen Zucker und Säure mit den Zähnen?“ (s. u.), einen oder mehrere ausgefallene Milchzähne von älteren (Vorschul-)Kindern, 1 Schale Zucker, kleine Gläser (so viele wie Zähne vorhanden sind), 1 Teelöffel, Wasser, Zitronensaft

Vorbereitung:
Kopieren Sie die Vorlage „Was machen Zucker und Säure mit den Zähnen?“ für alle Kinder und legen Sie die Materialien bereit.

Durchführung:
1. Die ausgefallenen Milchzähne werden in die kleinen Gläser gelegt. Alle Kinder sehen sich die Zähne gut an. Eventuell können sie diese auch kurz aus den Gläsern herausnehmen und mit der Hand darüberstreichen: Wie fühlt sich der Zahn an? Wie ist seine Oberfläche? (fest, weich, rau, glatt, scharf …)
2. Anschließend werden die Zähne wieder in die Gläser gelegt. Über jeden Zahn wird Zucker gestreut. Dann werden die Gläser mit Wasser gefüllt, in das etwas Zitronensaft getropft wird.
3. Die Kinder schauen sich die Zähne nun an mehreren aufeinanderfolgenden Tagen an und beobachten: Wie verändern sie sich? Bilden sich braune Stellen? Werden diese Stellen größer? Die Erzieherin erklärt: „Die Zitronensäure greift die Zähne an. Kommt dann noch Zucker hinzu, ist das wie Futter für die Bakterien im Mund. Sie wandeln den Zucker auch in Säure um und es entsteht Karies. Der Zahn fault.“
4. Ihre Beobachtungen können die Kinder in die Kopiervorlage „Was machen Zucker und Säure mit den Zähnen?“ einzeichnen.

Kopiervorlage „Was machen Zucker und Säure mit den Zähnen?“

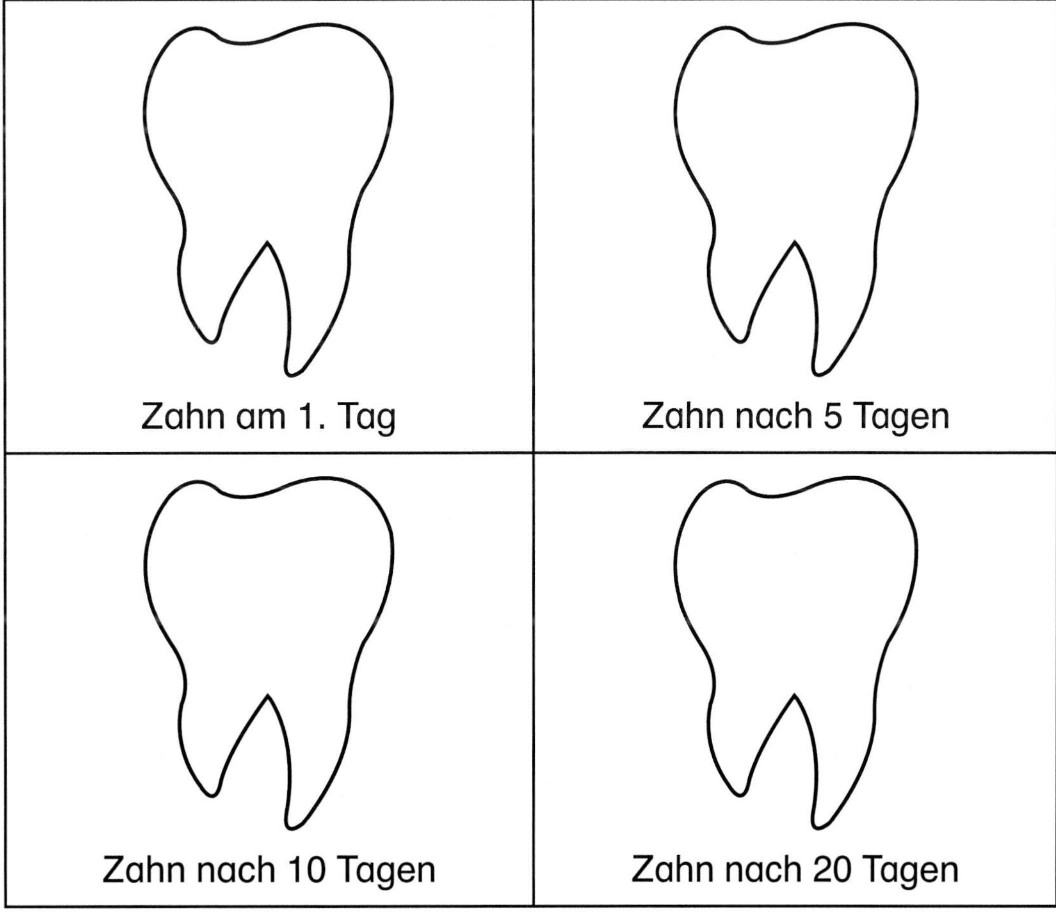

Zahn-Experiment 2: Was passiert mit den Eierschalen? (ab 3 Jahren)

Material:
2 gekochte Eier, Fluoridgel, 2 Gläser, 1 Flasche Essig, 2 verschiedenfarbige Gummiringe

Vorbereitung:
Ein Ei wird mit einer dicken Schicht Fluoridgel eingerieben. Das Gel sollte etwa vier Tage lang einwirken. Anschließend wird die obere Schicht des Gels vorsichtig abgewaschen. Das andere Ei bleibt unbehandelt.

Experimentier-Anleitung:

1. Die Eier werden in die beiden Gläser gelegt. Damit die Eier nicht verwechselt werden, werden die Gläser mit zwei Gummiringen in unterschiedlichen Farben versehen. Die Kinder schauen sich die Eier gut an.
2. Die Erzieherin erklärt den Kindern: „Ich habe euch eine Flasche Essig mitgebracht. Essig benutzt man zum Kochen, aber Essig ist auch eine Säure, die eure Zähne kaputtmachen kann." Anschließend werden die beiden Gläser mit Essig gefüllt.
3. Die Kinder beobachten (im Laufe des Tages): Was passiert mit den beiden Eiern?
4. Im Anschluss überlegen sie gemeinsam mit der Erzieherin: Warum ist nur die eine Schale zerstört worden und die andere nicht? Wie schützt das Fluoridgel die Eierschale?
5. Abschließend erklärt die Erzieherin den Kindern, dass sich in ihren Zähnen ähnliche Stoffe wie in der Eierschale befinden. Durch Säure werden diese angegriffen – genauso wie die Eierschalen. Zahnpasta wirkt ähnlich wie das Fluoridgel. Sie bildet eine Schutzschicht für die Zähne gegen Säureangriffe.

Was passiert?
Schon nach kurzer Zeit bilden sich an dem unbehandelten Ei kleine Blasen und die Schale beginnt, sich aufzulösen. An dem mit Fluoridgel bestrichenen Ei bilden sich kaum Bläschen. Nach ungefähr einem Tag hat sich die Eierschale des unbehandelten Eis vollkommen aufgelöst, die Schale des anderen Eis hingegen ist noch intakt.

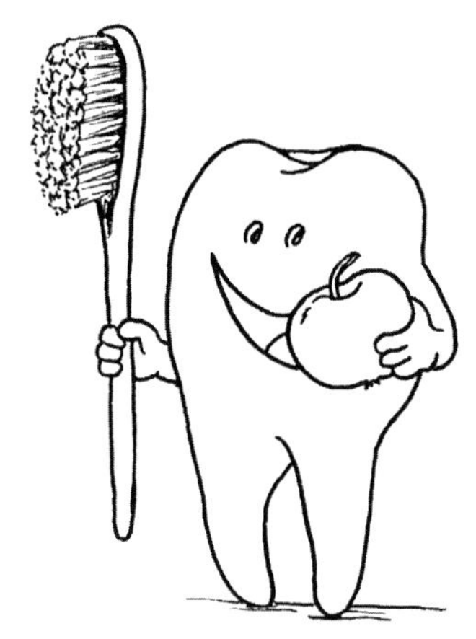

Hintergrundinformation:
Die Eierschalen bestehen aus Kalziumcarbonat. Die Essigsäure wirkt aggressiv und löst Kohlenstoffdioxid (= kleine Bläschen) aus dieser festen Substanz heraus. Somit wird die Struktur der Schale des Eis ohne Fluoridgel nach und nach zerstört. Das Fluoridgel auf dem anderen Ei schützt die Schale – deshalb wird diese von der Essigsäure nicht zerstört.

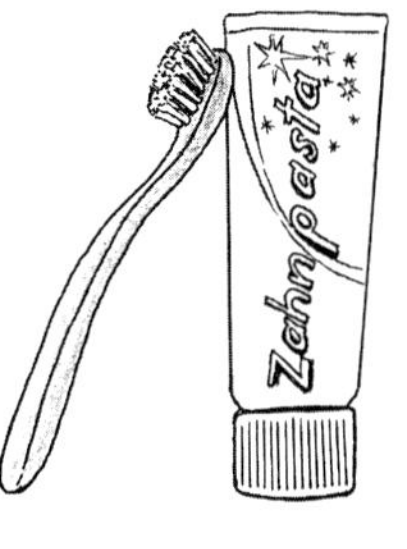

Wir üben das Zähneputzen (ab 2 Jahren)

Material:
1 Handpuppe mit Gebiss und großer Zahnbürste (s. Hinweis auf S. 6), 1 Smartphone / Laptop mit Internetverbindung, Zahnbürsten, Zahnpasta und Zahnputzbecher für alle Kinder

Vorbereitung:
Alle Materialien werden bereitgestellt. Im Internet wird auf der Seite *www.youtube.com* ein Zahnputzlied aufgerufen (z. B. „Zahnputz-Zauberlied für die KAI plus Systematik – mit Liedtext“ in Suchmaske eingeben). Vor der Durchführung des Angebots sollten sich alle Kinder ihre Hände gründlich mit Wasser und Seife waschen.

Spielanleitung:
1. Die Kinder setzen sich in einen Kreis und das Zahnputzlied wird abgespielt. Die Erzieherin führt dazu jeweils die passenden Zahnputzbewegungen mit der Zahnbürste an der Handpuppe aus.
2. Bei der zweiten Liedrunde dürfen alle Kinder mitmachen: Statt mit der Zahnbürste üben die Kinder die richtigen Zahnputzbewegungen zunächst mit ihrem Zeigefinger. Beim nächsten Durchgang kommen dann die „trockenen“ Zahnbürsten zum Einsatz. Dies wird so lange geübt, bis alle Bewegungen einigermaßen „sitzen“.
3. Zum Schluss putzen die Kinder in Kleingruppen ihre Zähne mit Zahnpasta im Waschraum. Auch hierzu kann das „Zahnputzlied“ abgespielt werden; alternativ kann die Erzieherin die zu den Bewegungen passenden Reime nennen.
   Tipps zur Organisation und zum Ablauf des Zähneputzens im Waschraum finden Sie auf Seite 5.

Erweiterung:
Besonderen Spaß macht es den Kindern, der Handpuppe die Zähne zu putzen.

Tipp:
Es ist sinnvoll, die richtige Zahnputz-Technik regelmäßig zu üben, damit die Kinder sie beibehalten und täglich anwenden können. Zur Veranschaulichung können Sie das Plakat „So putzen wir unsere Zähne“ (s. S. 10) hochkopieren und im Waschraum aufhängen.

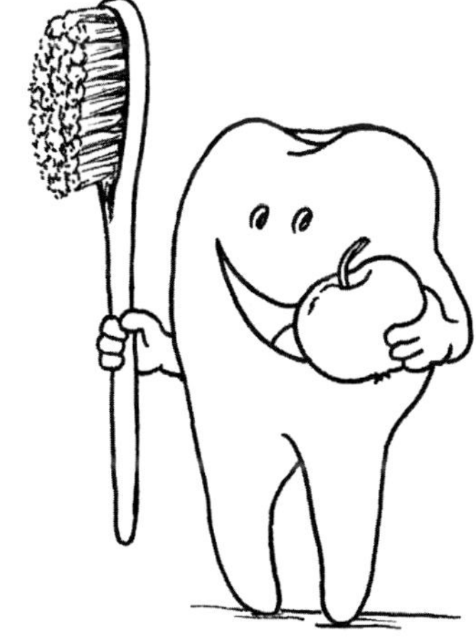

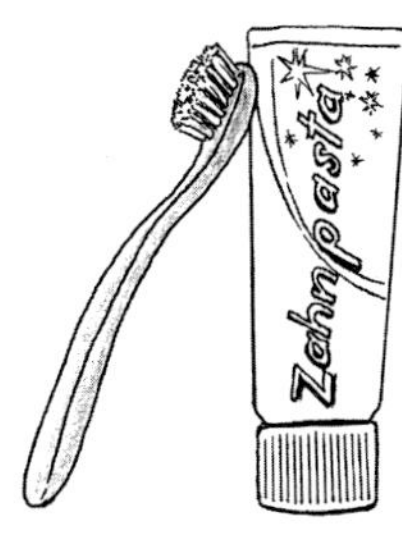

Welche Geräte braucht der Zahnarzt? (ab 3 Jahren)

Was braucht der Zahnarzt? Verbinde die richtigen Dinge mit dem Zahnarzt. Streiche die falschen Sachen durch.

Was ist gesund für meine Zähne? (ab 3 Jahren)

Material:
Bildkarten „Was ist gesund für meine Zähne?“ (S. 26), Kopiervorlage „Gesunder und kranker Zahn“ (s. u.), Arbeitsblatt „Mein gesundes Frühstück“ (S. 27), Buntstifte, 1 Schere, ggf. Laminiergerät und -folie, 1 roter Bogen Tonpapier in DIN A3, 1 grüner Bogen Tonpapier in DIN A3, Kleber

Vorbereitung:
Die Bildkarten werden hochkopiert, angemalt, ausgeschnitten und ggf. laminiert. Auch das Arbeitsblatt „Mein gesundes Frühstück“ und die beiden Zähne (s. u.) werden kopiert. Die Zähne werden ausgeschnitten und auf die beiden Tonpapier-Bögen („gesunder Zahn“ auf grünes Tonpapier, „kranker Zahn“ auf rotes Tonpapier) geklebt.

Spielanleitung:
1. Die Kinder setzen sich in einen Kreis. In die Mitte werden die beiden vorbereiteten Bögen Tonpapier mit den Zähnen gelegt. Die Bildkarten werden gut gemischt und verdeckt in der Kreismitte ausgelegt.
2. Reihum zieht nun jedes Kind eine Karte und deckt sie auf. Es benennt das abgebildete Nahrungsmittel und überlegt, ob es gesund für die Zähne ist oder den Zähnen schadet. Ältere Kinder können ihre Entscheidung in ganzen Sätzen begründen, zum Beispiel: „Ein Lolli schadet den Zähnen, weil darin viel Zucker ist.“ Jüngere Kinder können Unterstützung aus der ganzen Gruppe bekommen.
3. Wenn alle Kärtchen einem Zahn zugeordnet sind, prüfen die Kinder mit der Erzieherin noch einmal für jedes Lebensmittel, ob sich dieses wirklich an der richtigen Stelle befindet. Dann werden die Kärtchen aufgeklebt.
4. Zum Abschluss erhält jedes Kind das Arbeitsblatt „Mein gesundes Frühstück“, auf dem es sein eigenes, zahnfreundliches Frühstück gestalten kann.
5. Die beiden Plakate mit den gesunden / ungesunden Lebensmitteln können im Frühstücksraum für alle gut sichtbar aufgehängt werden.

Kopiervorlage „Gesunder und kranker Zahn“

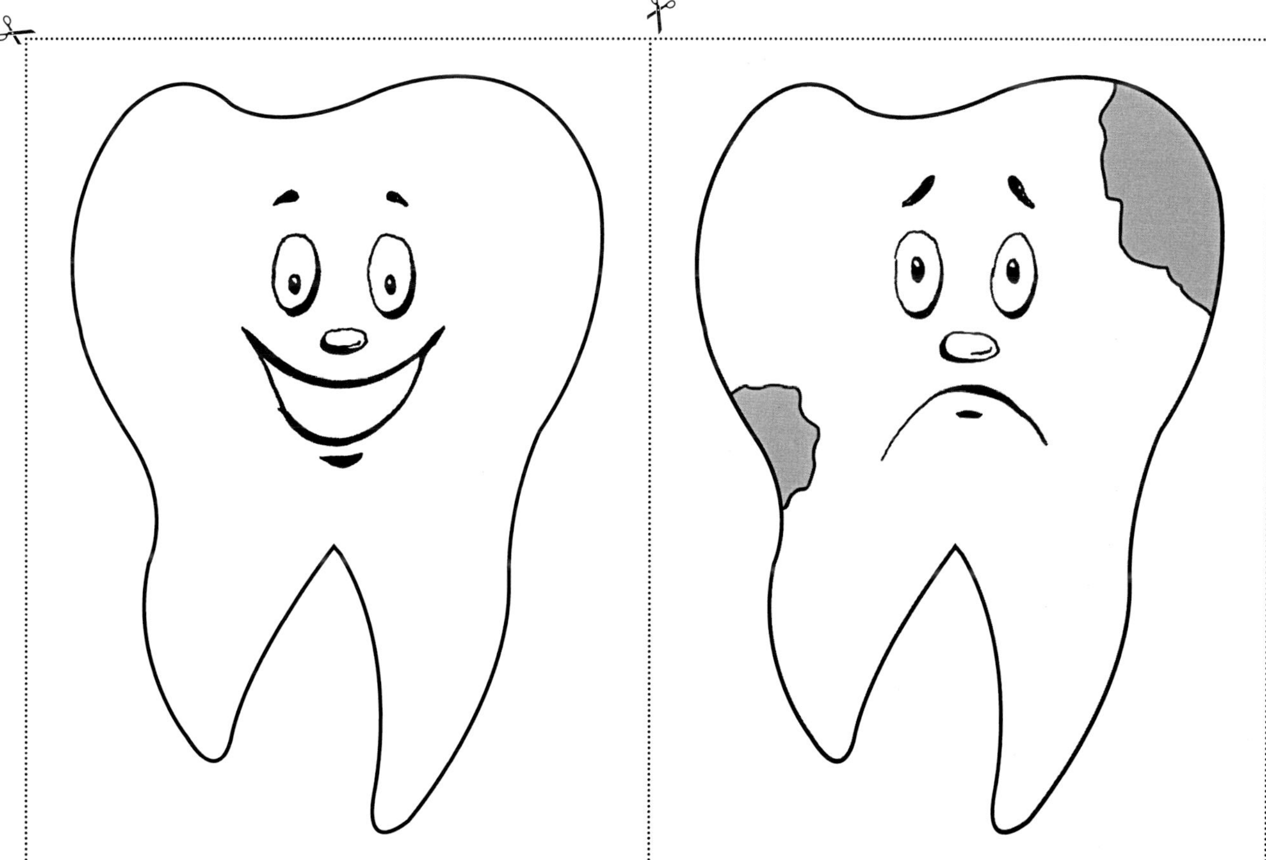

Bildkarten: „Was ist gesund für meine Zähne?“

BVK • Teresa Zabori: Kita aktiv „Projektmappe Zähne“

Mein gesundes Frühstück (ab 3 Jahren)

Wie sieht dein gesundes Frühstück aus?

Male.

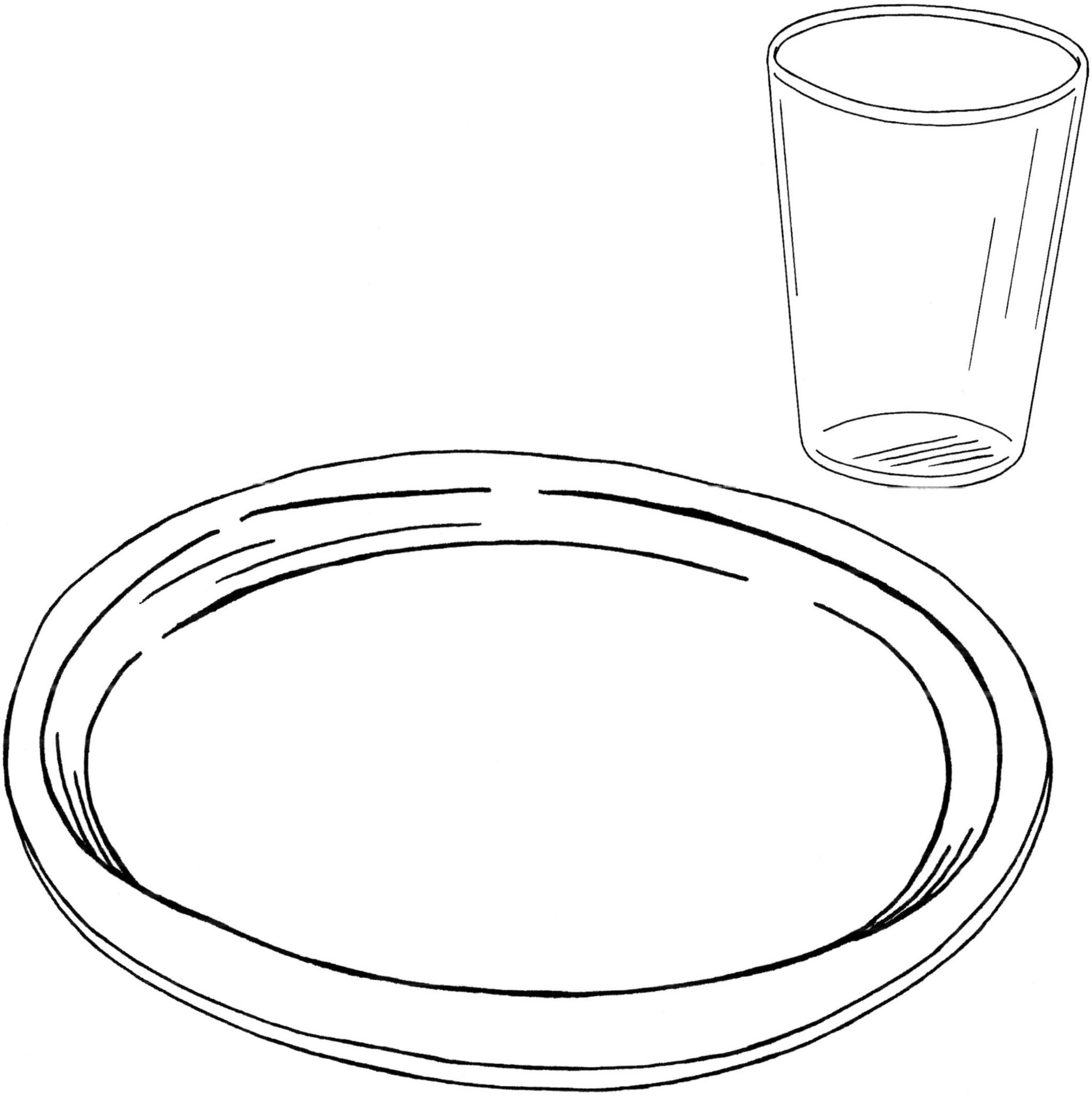

Wie süß schmeckt ...? (ab 4 Jahren)

Material:
Messer, Brettchen, Trinkbecher der Kinder, kleine Schälchen, für jedes Kind ein Tuch zum Augenverbinden, verschieden süße und weniger süße Lebensmittel-„Paare“ wie zum Beispiel ein saurer Apfel / ein süßer Apfel, Tee ohne Zucker / Tee mit Zucker, Mineralwasser / Apfelschorle, Milch / Kakao, Brötchen / süßes Milchbrötchen, rohe Schlangengurke / eingelegte Gewürzgurke, Möhre / eingelegte Möhre aus Dose etc.

Vorbereitung:
Die Lebensmittel werden in kleine Portionen geschnitten und in die Schälchen gefüllt. Auch die Getränke werden bereitgestellt.

Spielanleitung:

1. Den Kindern werden die Augen verbunden.

2. Nach und nach „testen“ die Kinder den Geschmack der unterschiedlichen Lebensmittel-Paare.
   Dabei sollen sie die folgenden Fragen beantworten:
   • Wie heißt das Lebensmittel?
   • Wie fühlt es sich in eurem Mund an? (knackig, weich, hart, rau ...)
   • Wie schmeckt es? (süß, sehr süß, sauer, kein Geschmack ...)

3. Die Reste der als „süß“ oder „sehr süß“ bewerteten Lebensmittel stellt die Erzieherin zur Seite, sodass besonders süße von weniger süßen Lebensmitteln getrennt sind.

4. Nach dem Ratespiel dürfen alle Kinder die Augenbinden wieder abnehmen. Sie betrachten die beiden Lebensmittel-Gruppen (süße Lebensmittel / nicht süße Lebensmittel) und besprechen mit der Erzieherin gemeinsam:
   • Welche Lebensmittel haben besonders gut geschmeckt?
   • Welche Lebensmittel sind gesünder für unsere Zähne / unseren Körper?
   • Welche Regeln können wir für unser Frühstück / Mittagessen / unseren Nachmittagssnack aufstellen? (Es können in der Kita z. B. generell eher ungesüßte Lebensmittel angeboten, aber Ausnahmen bei Geburtstagen oder als kleine Nachspeisen mit anschließendem Zähneputzen durchaus zugelassen werden.)

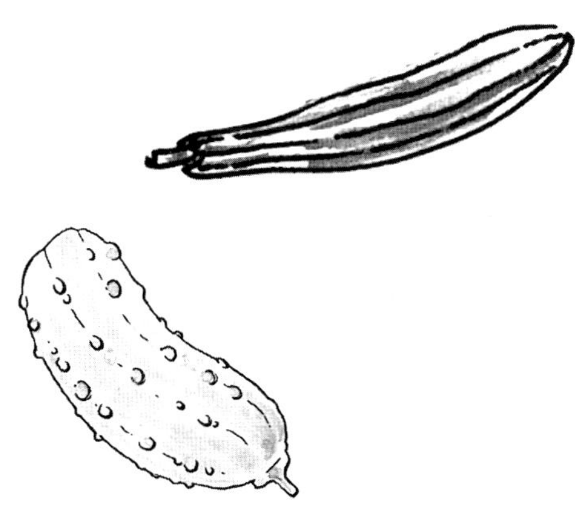

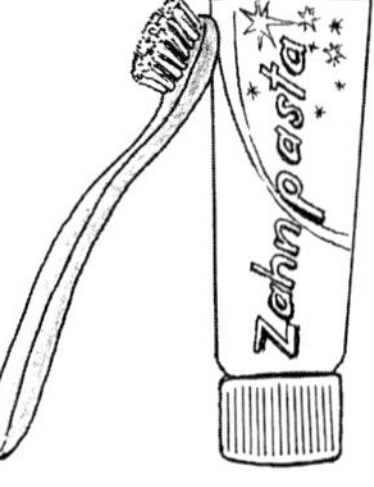

Hart oder weich? (ab 4 Jahren)

Material:
Messer, Brettchen, kleine Schälchen, für jedes Kind ein Tuch zum Augenverbinden, verschieden harte und weiche Lebensmittel-„Paare“, zum Beispiel Apfel / Apfelmus, Knäckebrot / Toastbrot, Möhre / eingelegte Möhre, Brötchen / Milchbrötchen, Studentenfutter / Nuss-Müsliriegel, Brot mit Gouda / mit Frischkäse belegt etc.

Vorbereitung:
Die Lebensmittel werden in kleine Portionen geschnitten und in die Schälchen gefüllt.

Spielanleitung:

1. Den Kindern werden die Augen verbunden.

2. Nach und nach „testen“ die Kinder die Konsistenz der unterschiedlichen Lebensmittel-Paare. Dabei sollen sie die folgenden Fragen beantworten:
   - Wie heißt das Lebensmittel?
   - Wie fühlt es sich in eurem Mund an? Ist es hart oder eher weich? Klebt es an euren Zähnen?
   - Müsst ihr kräftig kauen? Oder könnt ihr es ohne zu kauen herunterschlucken?

3. Nach den Antworten der Kinder ordnet die Erzieherin die Lebensmittel in zwei Gruppen ein: „Harte Lebensmittel, bei denen man viel kauen muss.“ / „Weiche Lebensmittel, die man nur wenig / gar nicht kauen muss.“

4. Nach dem Ratespiel nehmen alle Kinder ihre Augenbinden wieder ab. Sie betrachten die beiden Lebensmittel-Gruppen. Die Erzieherin erklärt: „Harte Nahrung müssen wir gut kauen. Das ist gesund für unsere Zähne. Denn beim Kauen entsteht viel Spucke, die unsere Zähne vor Karies schützt. Außerdem trainieren wir durch das Kauen unsere Muskeln im Gesicht – und können so besser sprechen. Weiche Nahrung müssen wir nur wenig und manchmal gar nicht kauen. Das ist nicht so gesund für unsere Zähne. Oft bleibt weiches Essen auch an unseren Zähnen kleben. Das ist schlecht, denn damit bleiben auch die Bakterien an den Zähnen hängen, die Karies verursachen.“

5. Abschließend kann die Erzieherin zusammen mit den Kindern Regeln für das gemeinsame Frühstück / Mittagessen / den gemeinsamen Nachmittagssnack aufstellen. (Es können z. B. generell eher harte Lebensmittel zum Essen angeboten, aber Ausnahmen bei Geburtstagen oder als kleine Nachspeisen mit anschließendem Zähneputzen durchaus zugelassen werden.)

Wie viel Zucker steckt in …? (ab 5 Jahren)

Fahre jede Linie mit einer anderen Farbe nach. So erfährst du, wie viel Zucker in den Lebensmitteln steckt. Zähle die Zuckerwürfel und schreibe die richtige Zahl in die Kästchen.

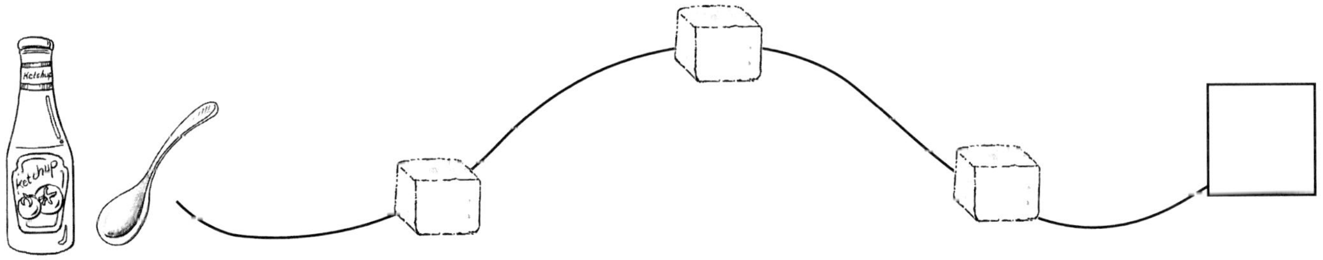

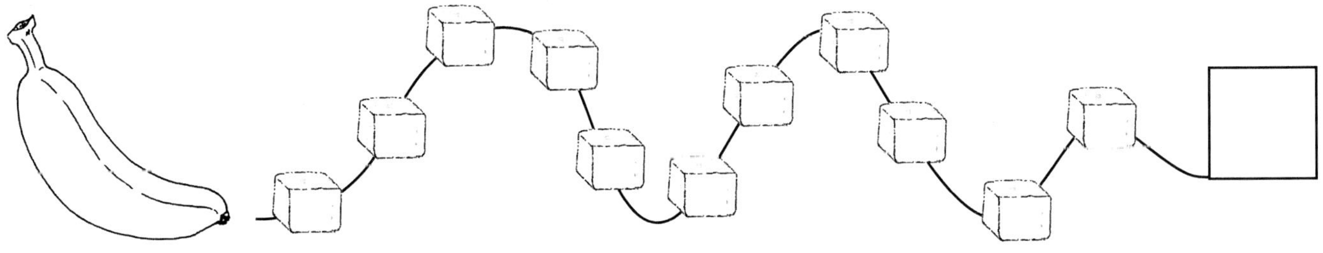

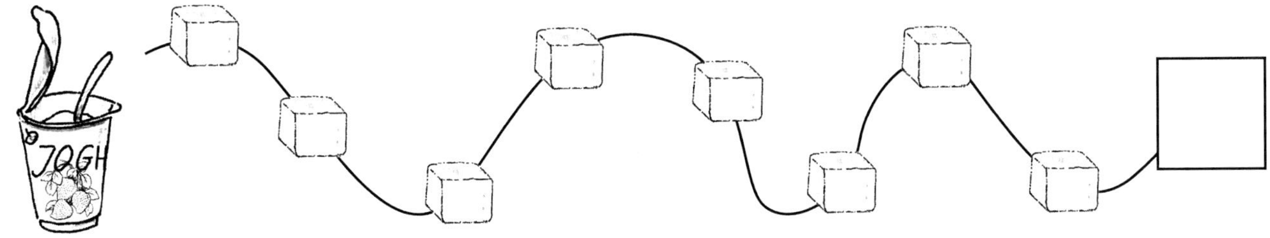

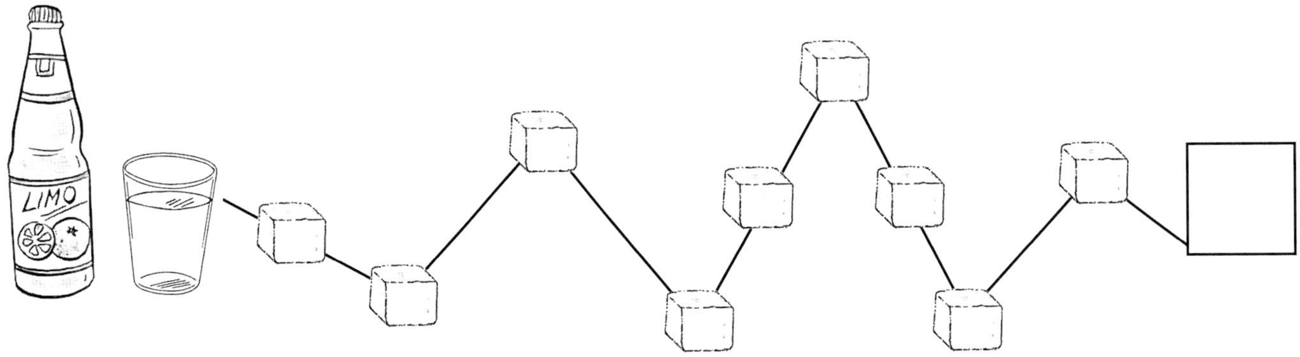

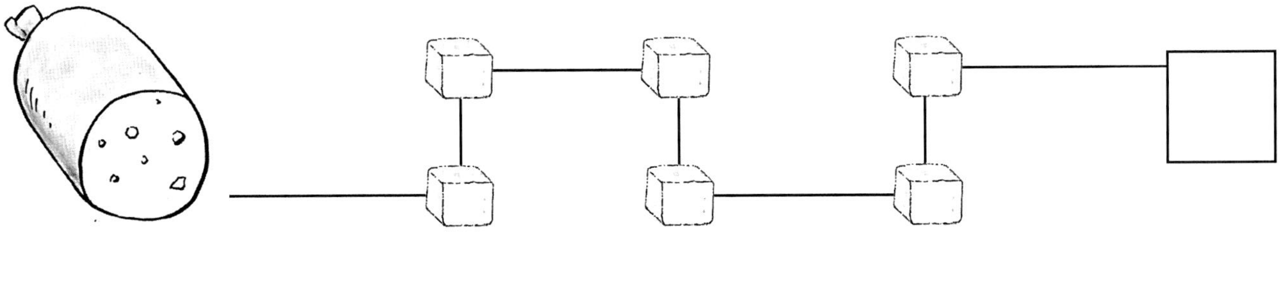

Ketchup

JOGH

LIMO

Wie viele Zähne siehst du? (ab 4 Jahren)

Zähle die Zähne. ✏ Verbinde richtig.

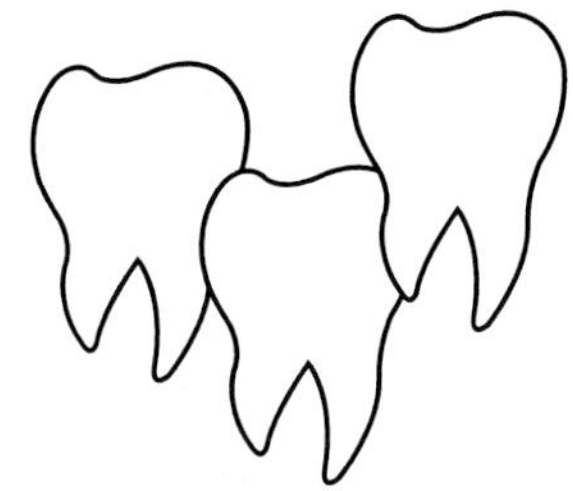

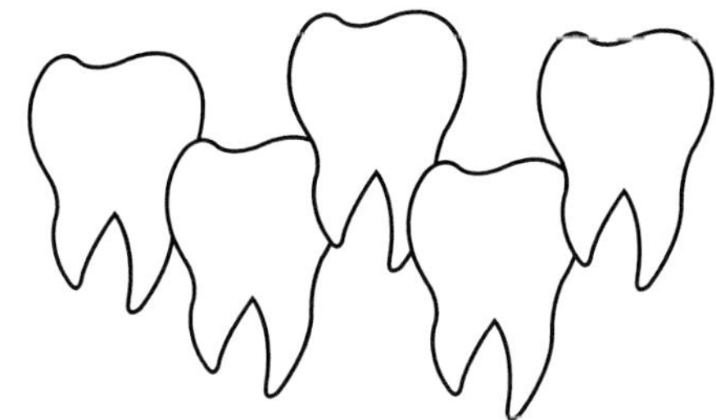

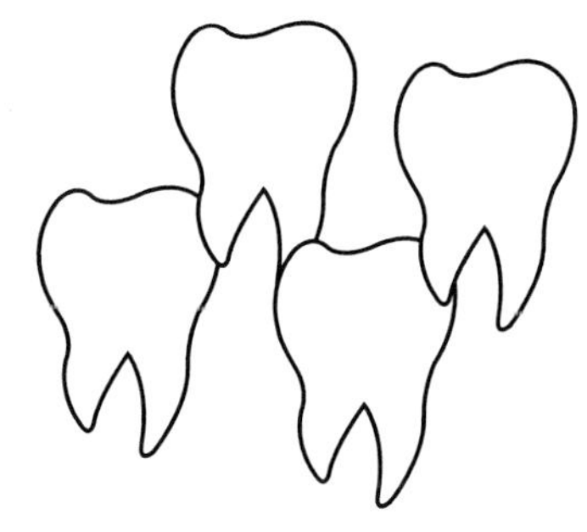

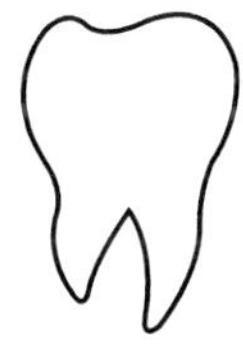

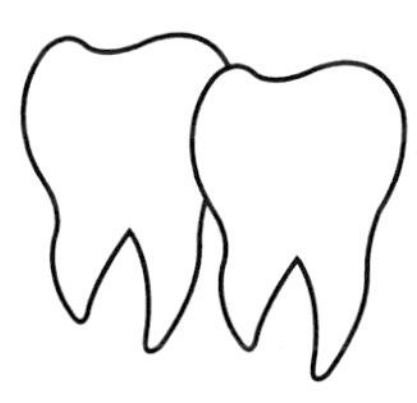

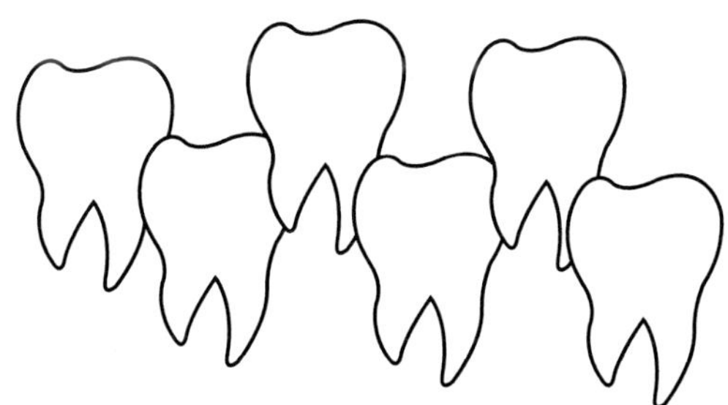

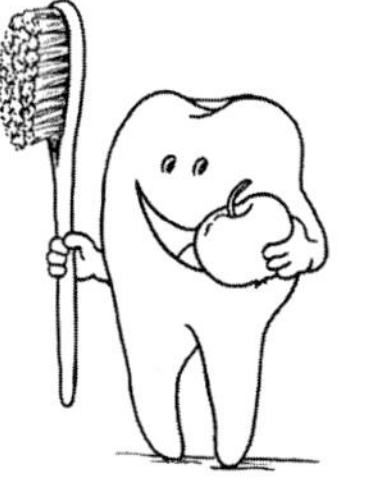

Was versteckt sich hier? (ab 5 Jahren)

Verbinde die Zahlen von 1 bis 20. Was kommt dabei heraus?

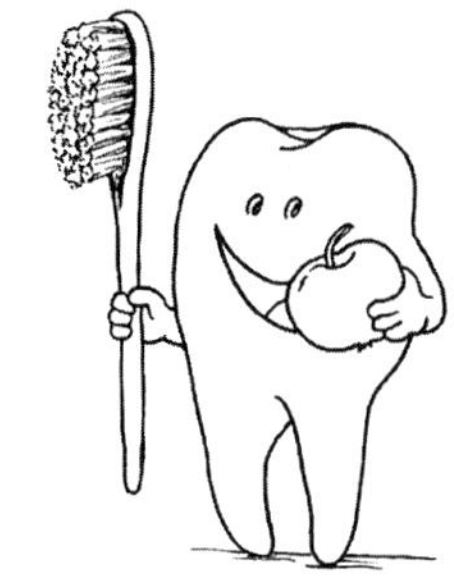

BVK • Teresa Zabori: Kita aktiv „Projektmappe Zähne“

Ein Zahn-Fest (ab 2 Jahren)

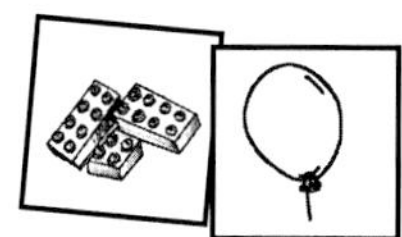

Vorbereitung:

- die Einladungskarten (s. u.) verteilen
- für die Eltern eine Buffetliste aufhängen, in die sie zahnfreundliche (also keine süßen und ungesunden) Speisen eintragen sollen
- den Raum / das Außengelände dekorieren, zum Beispiel mit großen, selbst gebastelten Zähnen aus Pappe oder Papier
- mit den Kindern das Bewegungslied „Es tanzt die Zi-Zo-Zahnbürste" (s. S. 14) einüben
- einzelne Spielstationen aufbauen; dafür bietet sich eine Auswahl aus den folgenden Stationen an: „Wir gestalten eine Zahnkette" (s. S. 18), „Wir erforschen unsere Zähne" (s. S. 18), „Wie süß schmeckt …?" (s. S. 28), „Hart oder weich?" (s. S. 29), „Wir kauen Kaugummi" (s. S. 36), „Bewegungs-Spiel: Die Wackelzähne" (s. S. 37) oder „Das Zahnputz-Spiel" (s. S. 40)

Ablauf:

Zu Beginn des Festes führen die Kinder das Bewegungslied „Es tanzt die Zi-Zo-Zahnbürste" auf.
Anschließend können sie die aufgebauten Spielstationen zum Thema „Zähne" durchlaufen.
Alle Stationen sollten von je einer Erzieherin betreut werden.
Zum Schluss kann das gesunde Buffet gemeinsam genossen werden.

Einladung zum Zahn-Fest

Liebe Eltern,

wir haben uns in den letzten Wochen mit dem Thema „Zähne" beschäftigt. Die Kinder haben dabei gelernt, wie sie ihre Zähne pflegen und gesund halten können. Zum Abschluss möchten wir dies gern im Rahmen eines kleinen Festes mit Ihnen feiern.

Das Fest findet am ________________ um ____________ Uhr in

____ statt.

Wir freuen uns auf Ihr Kommen. Bitte geben Sie den unteren Abschnitt ausgefüllt wieder ab.

✂ ....

Name: ________________________________

☐ Wir kommen mit ______ Personen.

☐ Wir können leider nicht kommen.

Zahn-Memo-Spiel (ab 3 Jahren)

Material:
Kopiervorlage „Zahn-Memo-Spiel“ (s. u.), Buntstifte, 1 Schere, Laminiergerät und -folie

Vorbereitung:
Die Erzieherin kopiert die Vorlage „Zahn-Memo-Spiel“ zweimal, malt die Paare jeweils in der gleichen Farbe an und laminiert sie. Anschließend werden die Kärtchen auseinandergeschnitten, sodass nach den herkömmlichen Regeln ein Memo-Spiel gespielt werden kann.

Kopiervorlage „Zahn-Memo-Spiel“

Zahnpasta

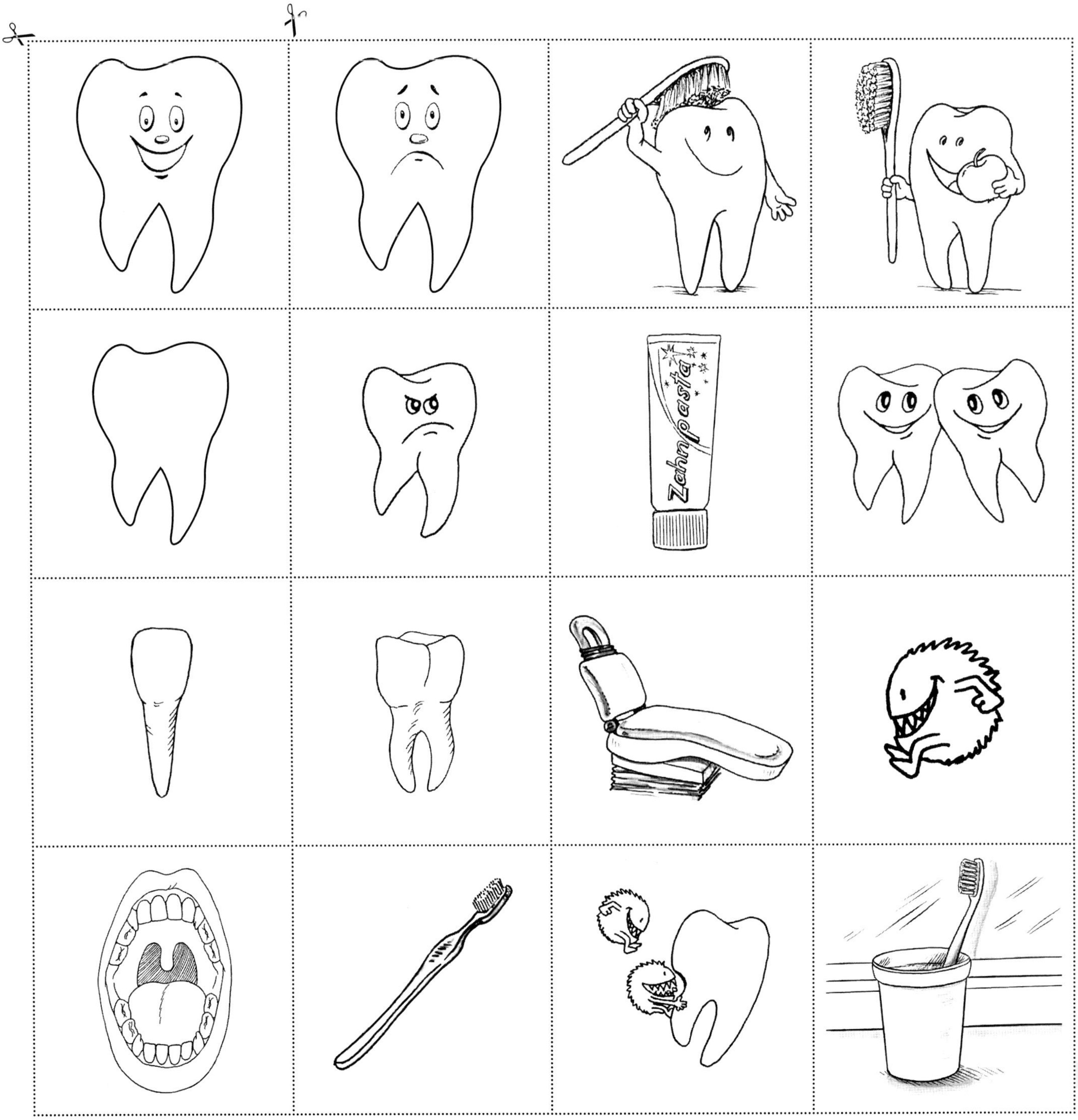

Was brauche ich zum Zähneputzen? (ab 3 Jahren)

Welche Dinge brauchst du zum Zähneputzen? Male sie bunt an.
Streiche die anderen Dinge durch.

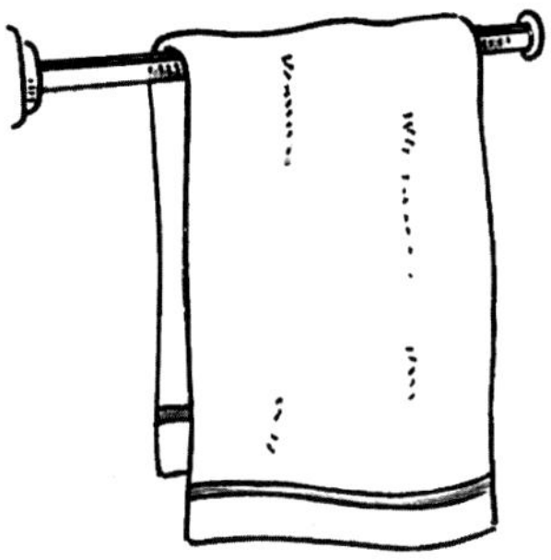

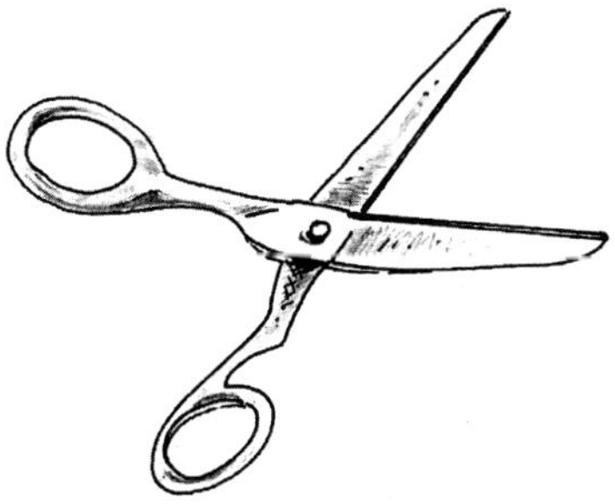

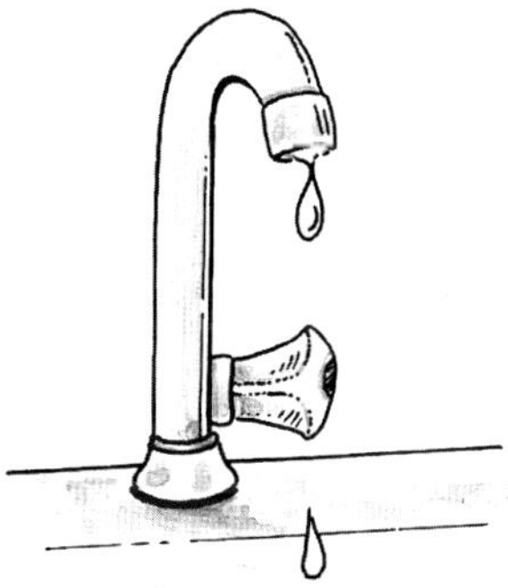

Creme

Zahnpasta

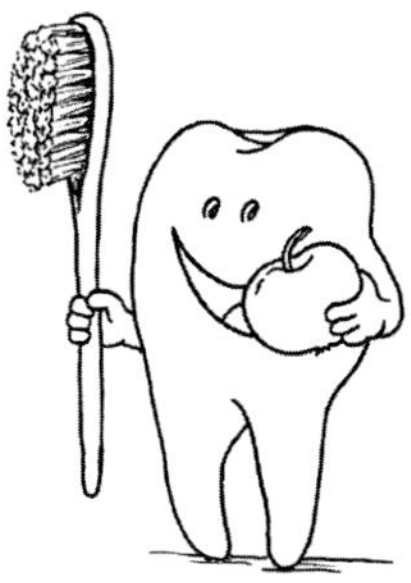

Wir kauen Kaugummi (ab 4 Jahren)

Material:
ein zahnfreundliches, nicht zu scharfes Kaugummi für jedes Kind

Spielanleitung:

1. Es werden Kleingruppen gebildet. Die Kinder stecken die Kaugummis in den Mund. Da einige Kinder Kaugummis vielleicht noch nicht kennen, können sie zunächst kurz ausprobieren, wie sie sich im Mund anfühlen, und das Kauen selbstständig üben.

2. Dann kauen alle Kinder ihr Kaugummi nach Anleitung der Erzieherin gemeinsam:
   - „Wir kauen das Kaugummi ganz langsam."
   - „Jetzt kauen wir es etwas schneller."
   - „Wir schließen beim Kauen dem Mund."
   - „Nun kauen wir ganz vorsichtig vorne mit den Schneidezähnen."
   - „Wir kauen kräftig hinten mit den Backenzähnen. Erst auf der linken, dann auf der rechten Seite."
   - „Jetzt kauen wir nur einmal hinten rechts, und dann gleich wieder hinten links, immer im Wechsel."
   - „Wir kleben das Kaugummi mit unserer Zunge vorne an die Schneidezähne."
   - „Wer kann eine große Blase machen und diese platzen lassen?"
   - …

3. Zum Schluss spucken die Kinder die Kaugummis in den Mülleimer. In einem Abschlusskreis berichten sie von ihren Erfahrungen: Wie fühlt sich ihr Mund jetzt an? Hat das Kaugummi ihnen geschmeckt? Fanden sie das Kauen anstrengend? Hat es ihnen Spaß gemacht?

4. Abschließend können Sie ihnen erklären, dass Erwachsene manchmal ein (zuckerfreies) Kaugummi nach einer Mahlzeit kauen, wenn sie sich nicht die Zähne putzen können. Das ist gesund für die Zähne, weil durch das Kauen viel Spucke im Mund gebildet wird. Und die Spucke verhindert, dass sich Karies bildet.

Hinweis:
Sie sollten den Kindern erklären, dass sie das Kaugummi nicht verschlucken dürfen und auf eine ruhige Atmosphäre achten, damit ebendies nicht geschieht.

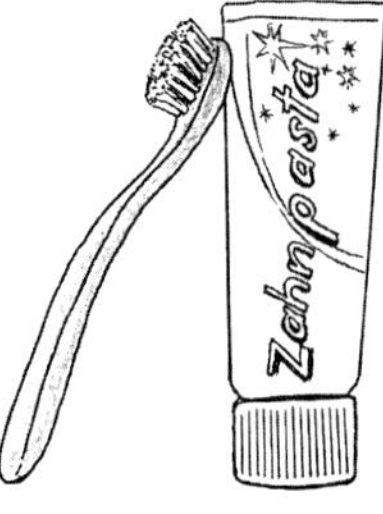

Bewegungs-Spiel: Die Wackelzähne (ab 2 Jahren)

Material:
Geschichte „Die Wackelzähne" (s. u.)

Spielanleitung:

1. Alle Kinder gehen in den Bewegungsraum. Dort sucht sich jedes Kind einen Partner.
2. Die Hälfte der Kinder spielt die Milchzähne: Sie stellen sich mit leicht gegrätschten Beinen (= Zahnwurzeln) an einen beliebigen Platz im Raum. Mit ihren Händen formen sie über ihren Köpfen ein „Dach" (= Zahnkrone). Die anderen Kinder spielen die bleibenden Zähne. Sie machen sich ganz klein und hocken sich hinter ihren „Milchzahn".
3. Die Erzieherin liest nun die Geschichte „Die Wackelzähne" (s. u.) vor und macht den Kindern die Bewegungen vor. Die Kinder spielen diese nach.
4. Im Anschluss tauschen die Milchzähne mit den bleibenden Zähnen die Rollen und die Geschichte wird noch einmal nachgespielt.

Geschichte: Die Wackelzähne

Text	***Bewegung***
Im Mund sind viele verschiedene Zähne: große Zähne,	*Die „Milchzähne" stellen sich auf die Zehenspitzen.*
kleine Zähne,	*Die „Milchzähne" gehen in die Knie.*
dicke Zähne	*Die „Milchzähne" formen mit ihren Händen einen dicken Bauch.*
und dünne Zähne.	*Die „Milchzähne" legen ihre Arme eng an den Körper.*
Mit ihren Wurzeln sind sie ganz fest im Zahnfleisch verankert. Doch plötzlich spüren sie ein leichtes Kribbeln an ihren Wurzelspitzen.	*Die „bleibenden Zähne" kitzeln/streicheln die „Milchzähne" ganz vorsichtig an den Waden.*
Die Milchzähne beginnen zu wackeln: erst ganz leicht, dann immer stärker.	*Die „Milchzähne" wippen erst ganz leicht vom rechten auf den linken Fuß und wieder zurück; dann werden diese Bewegungen immer schneller/stärker, zum Schluss lösen sie dabei ihre Füße vom Boden und heben ihre Knie.*
Die Milchzähne wackeln hin und her, bis plötzlich … plopp!	*Die „Milchzähne" springen in die Höhe.*
Da sind sie ausgefallen!	*Die „Milchzähne" lassen sich auf den Boden fallen und bleiben dort liegen.*
Jetzt sind alle Milchzähne ausgefallen. Doch was passiert nun? Langsam, ganz langsam strecken die bleibenden Zähne ihre Köpfchen aus dem Zahnfleisch. Sie wachsen und werden immer größer.	*Die „bleibenden Zähne" kommen langsam aus der Hocke nach oben und rollen ihren Oberkörper immer weiter auf. Zum Schluss strecken sie die Arme nach oben und bilden mit ihnen ein „Dach".*
Jetzt ist der Mund wieder voller neuer, weißer Zähne, hurra!	*Die „bleibenden Zähne" winken mit beiden Händen.*

Rollenspiel: Beim Zahnarzt (ab 3 Jahren)

Das Rollenspiel bietet sich gut zur Vor- oder Nachbereitung eines Besuches in einer Zahnarztpraxis an.

Material:
1 bequeme Liege oder Sessel, 1 kleiner Hocker, 1 altes weißes Hemd (als „Kittel"), 1 Mundschutz, Einmalhandschuhe, 1 kleiner Zahnarztspiegel, 1 biegsame Stehlampe, 1 Geschirrtuch (als „Lätzchen"), 1 Wäscheklammer, weitere „Zahnarzt-Utensilien" zum Spielen (z. B. Strohhalm als „Mundsauger", Spritze, elektrische Zahnbürste als „Bohrer" ...)

Vorbereitung:
Die bequeme Liege oder der Sessel wird aufgebaut und der kleine Hocker danebengestellt. Alle für die „Behandlung" wichtigen Utensilien werden bereitgelegt. Um die Szene herum wird ein Stuhlkreis gebildet.

Spielanleitung:
1. Die Kinder setzen sich in den Kreis. Die verschiedenen „Zahnarzt-Utensilien" werden betrachtet und es wird besprochen, was der Zahnarzt mit ihnen macht bzw. wozu diese dienen.

2. Dann beginnt das Rollenspiel: In der ersten Runde spielt die Erzieherin den Zahnarzt, ein Kind ist der erste Patient. Der Zahnarzt zieht sich den weißen Kittel und die Handschuhe an. Außerdem wird der Mundschutz aufgesetzt. Der Patient legt sich auf die Liege bzw. in den Sessel und bekommt mit einer Wäscheklammer ein „Lätzchen" (= Geschirrtuch) umgebunden.

3. Der Patient macht nun den Mund weit auf. Der Zahnarzt schaltet die Lampe an und berichtet den anderen Kindern, was er alles im Mund entdecken kann. Er zeigt den Zuschauern, wie man mit dem Zahnarztspiegel die Zähne gut betrachten kann. Auch die einzelnen „Instrumente" können vorsichtig vorgeführt bzw. deren Einsatz pantomimisch gezeigt werden.

4. Nach diesem ersten Durchgang darf ein Kind den Zahnarzt spielen und die Zähne der anderen Kinder betrachten bzw. vorsichtig „behandeln". Die Erzieherin übernimmt dabei die Rolle der Zahnarzthelferin, das heißt, sie bleibt immer in unmittelbarer Nähe. So haben die Kinder genügend Spielraum zum kreativen, freien Rollenspiel, aber gleichzeitig wird verhindert, dass der Patient durch mögliche Handlungen des „Zahnarztes" verletzt wird. Kinder, die keine „Patienten" sein möchten, dürfen zuschauen.

Varianten:
- Zusätzlich zu dem „Behandlungsraum" kann auch mit Spielsachen, Büchern, Stühlen usw. ein „Wartezimmer" eingerichtet werden, in dem die Kinder (= wartende Patienten) zum Beispiel Bilder zum Thema „Zähne" malen können.
- Auch thematisch kann das Rollenspiel noch erweitert werden, zum Beispiel, indem eine „Zahnbehandlung" (Bohren und Füllen) stattfindet.

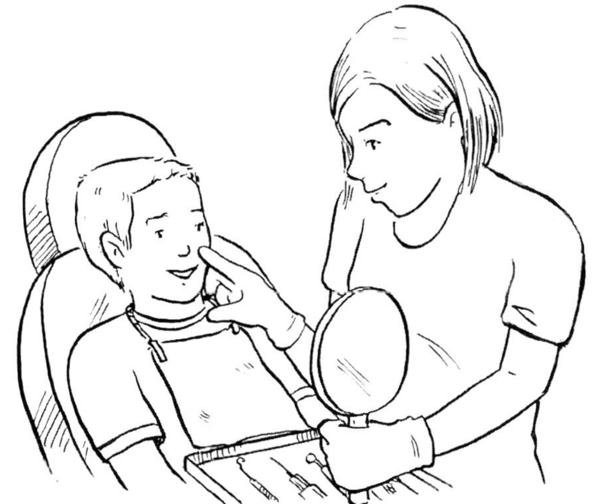

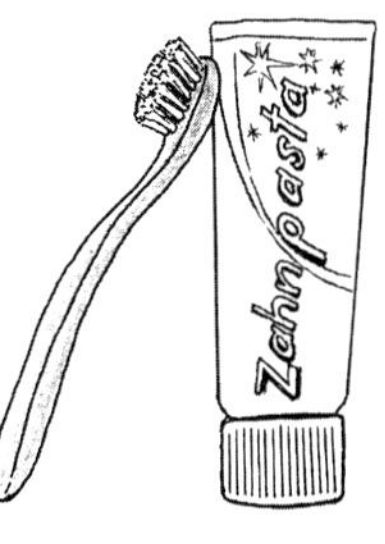

Das Zahnputz-Spiel (ab 3 Jahren)

Material:
1 Würfel, 1 Spielfigur pro Kind, Bildkarten „Was ist gesund für meine Zähne?“ (s. S. 26) als Spielkarten, Spielplan (s. S. 40)

Vorbereitung:
Der Spielplan sollte hochkopiert, farbig angemalt und laminiert werden. Die Spielkarten können aus den Bildkarten „Was ist gesund für meine Zähne?“ (s. S. 26) ausgewählt werden. Je nach Alter der Kinder bietet es sich an, einige Karten wegzulassen. Die Spielkarten werden ebenfalls bunt angemalt, laminiert und ausgeschnitten. Anschließend werden sie gemischt und verdeckt auf einen Stapel in der Mitte des Spielfeldes gelegt.

Spielanleitung:
Alle Kinder stellen ihre Spielfiguren auf das Startfeld. Das jüngste Kind beginnt und rückt entsprechend seiner Würfelzahl nach vorne. Reihum rücken die anderen Kinder nach.

- Wenn sie auf ein Feld mit einer *Möhre* gelangen, dürfen sie noch einmal würfeln.
- Kommen sie auf ein Feld mit einem *Zahnputzbecher* und einer *Zahnbürste,* müssen sie einmal aussetzen.
- Wenn ein Kind ein Feld mit einem *Backenzahn* erreicht, muss es eine Karte ziehen und das Bild in der Runde zeigen. Das Kind mit der Karte fragt seine Mitspieler: „Ist (Name des Nahrungsmittels) gesund für meine Zähne?“ Die anderen Kinder antworten mit „ja“ oder „nein“. Hat das Kind ein für die Zähne gesundes Nahrungsmittel gezogen, darf es drei Felder vorrücken. Schadet das auf der Karte abgebildete Nahrungsmittel den Zähnen, muss das Kind drei Felder zurückgehen.
- Gewonnen hat das Kind, das zuerst das Ziel erreicht hat.

Das Zahnputz-Spiel

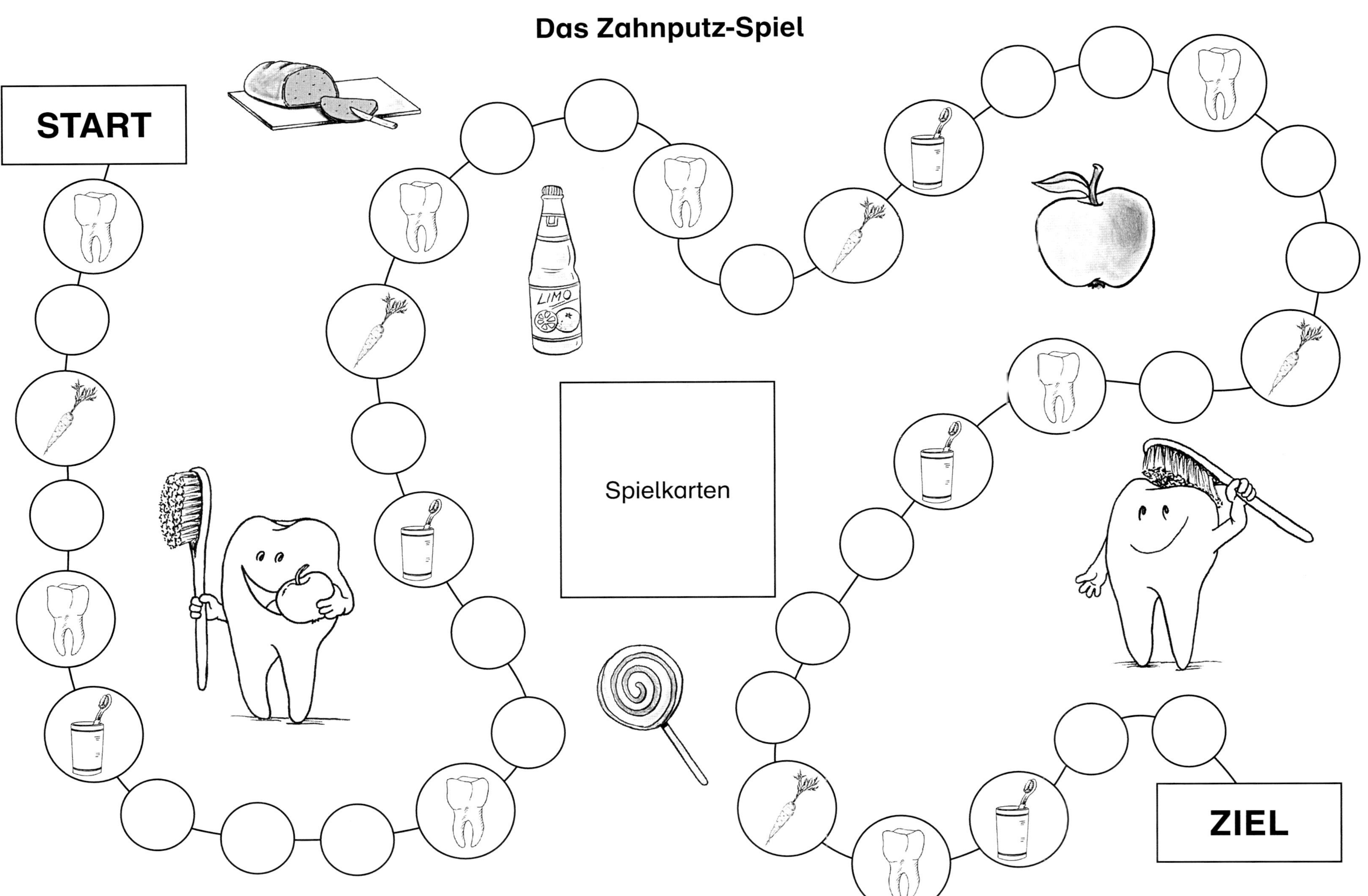